Prier les paraboles

Michel Hubaut

Prier les paraboles

Accueillir le Royaume de Dieu

DESCLÉE DE BROUWER

Textes liturgiques

76 bis, rue des Saints-Pères, 75007 Paris
ISBN 2-220-02723-6

N'aie pas peur, petit troupeau,
car il a plu à votre Père
de vous donner le Royaume.

(Luc 12,32.)

Préface

L'Evangile est un chemin : le chemin des Béatitudes, le chemin du Royaume.

Ce chemin traverse un jardin à la fois étrange et familier. On y rencontre toutes sortes de gens : un berger, des vignerons, un père et son fils, un homme riche, un voyageur blessé, des pauvres et des aveugles, un juge, un intendant... Dans ce jardin, on va, on vient, on évoque une noce du voisinage ou le temps des semailles. C'est le jardin des paraboles.

Ainsi le Royaume devient-il une question posée à chacun, un appel au bonheur, par-delà tous les codes et toutes les habitudes. Un Royaume qui n'est jamais définitivement gagné. Un Royaume en mouvement. Un Royaume qu'on entrevoit à travers une quarantaine d'histoires pleines d'images, de surprises et de rebondissements. Des histoires qui « déstabilisent », pour renouveler le regard et le cœur.

Ce sont ces histoires que rappelle ici Michel Hubaut. Mais il ne le fait pas en exégète, même s'il s'appuie sur l'exégèse. Il ne le fait pas en enseignant, même s'il sait enseigner. Il ne le fait pas en prédicateur, même s'il est un prédicateur bien connu à la télévision, dans les paroisses et dans les mouvements. Ces histoires, il les transforme en prières.

Pourquoi ? Parce que l'Evangile n'est pas seulement un art de vivre, il est aussi une source de prière. Peut-être même n'est-il un art de vivre que dans la mesure où il s'enracine dans la prière.

Les paraboles sont tirées de la vie et elles annoncent une vie, la vie chrétienne, la vie d'aujourd'hui. Pour ce passage, nous avons moins besoin d'explications savantes que des forces de la prière. Il faut intérioriser les paraboles pour pouvoir les vivre.

« Quand tu lis l'Evangile, écrivait saint Tikhon de Zadorsk, c'est le Christ lui-même qui te parle. Et pendant que tu lis, tu pries et tu parles avec lui. »

Ou encore, dans un langage plus moderne, celui de Madeleine Delbrêl, « si l'Evangile est un livre, c'est qu'il faut le lire. Pourtant cela ne suffit pas. L'Evangile est un livre qu'on prie. *Entre la lecture de l'Evangile et nos pauvres essais d'obéissance à ses exemples et à ses préceptes, il y a les prières. Sans elle nous errons comme des myopes et nous obéissons comme des serviteurs paralysés. Sans prière surtout, l'Evangile sera des paroles et nous risquerons de ne pas rencontrer vivant Celui qui parle, Celui qui entraîne, Celui qu'on suit » (dans* La joie de croire*).*

On ne peut pas mieux présenter la démarche de Michel Hubaut. Prier les paraboles, ce n'est pas les affadir, les projeter dans le flou de l'avenir, c'est au contraire les éclairer d'une lumière intérieure et les rendre actuelles, vivantes, pressantes. Vieilles histoires bien connues, dit-on parfois. Non. Histoires toujours jeunes, toujours bouleversantes, paraboles du quotidien, riches de prières possibles.

Ces prières possibles, Michel Hubaut les propose tantôt plusieurs pour chaque parabole, tantôt une seule. Près d'une centaine au total. Toujours rythmées. Une véritable mine pour l'utilisation individuelle comme pour l'uti-

lisation collective. On peut les lire chez soi ou au cours d'une célébration eucharistique (quand l'Evangile présente l'une des trente-sept paraboles ici répertoriées). On peut aussi méditer avec elles sur le Royaume qu'elles évoquent.

Une introduction claire et précise — le premier chapitre — décrit leur nature, leur genre, leur origine, leur signification. Ce n'est pas un hors-d'œuvre. C'est une préparation au bon usage des prières.

« Tout au long de ton Evangile, Seigneur, tu as semé, comme des graines, les Paraboles. Aide-nous à les faire grandir dans le terreau de la prière, afin qu'elles deviennent pour nous des arbres de lumière sur le chemin de ton Royaume. »

Jean-Pierre Dubois-Dumée

CHAPITRE 1

Pourquoi Jésus a-t-il parlé en paraboles ?

1. La Parabole : un art populaire et ancien

Jésus est incontestablement un merveilleux conteur qui a l'art d'utiliser la parabole. Mais il n'a pas inventé ce genre littéraire, reflet du génie d'une civilisation : celle du Proche-Orient. Les peuples bibliques pensent spontanément en images. Ils n'aiment guère jongler avec des concepts abstraits.

Et pourtant — ce n'est pas le moindre paradoxe de la Bible ! —, dès l'aube de l'aventure spirituelle du peuple hébreu, Dieu s'y révèle comme un être transcendant qui ne supporte aucune représentation sensible, aucune image. « Tu ne feras aucune image sculptée, rien qui ressemble à ce qui est dans les cieux là-haut, ou sur la terre ici-bas, ou dans les eaux au-dessous de la terre » (Ex 20,4).

Les auteurs inspirés ont relevé cette gageure en employant ce qu'on appelle en terme savant : « l'anthropomorphisme ». Ce procédé consiste à évoquer les réalités invisibles en les comparant aux réalités terrestres. Certaines de ces comparaisons ne sont pas très éloignées de nos paraboles. Dieu n'y est-il pas comparé à un potier pétrissant de la glaise pour créer le corps de l'homme, lui soufflant dans le nez afin de lui communiquer son Souffle vital, son haleine de Vie ?

Si, au cours des siècles, ces « anthropomorphismes » s'affinent et disparaissent progressivement, les auteurs bibliques garderont ce goût de la comparaison concrète. Déjà dans les livres dits « historiques », celle-ci se développe et prend des allures de véritables paraboles.

Tel ce merveilleux apologue digne du bon monsieur La Fontaine qui, pour décrire la situation du peuple de Dieu, donne tour à tour la parole à l'olivier, au figuier, à la vigne et au buisson, délibérant pour se choisir un roi parmi tous les arbres (Jg 9, 8-15). Le prophète Nathan, afin d'aider le roi David à prendre conscience de la gravité de sa faute, ne lui raconte-t-il pas l'histoire d'un riche propriétaire de troupeaux et d'un pauvre paysan dont l'unique brebis réchauffait la couche ? (2 S 12,1-4). Amasias, roi de Judée fait dialoguer le chardon et le cèdre (2 R 14,8-9).

Quant aux prophètes, ils sont souvent, eux aussi, d'excellents conteurs. Ils savent habilement employer l'image percutante, le symbole, l'allégorie et la parabole. Amos compare les riches de l'aristocratie à des « vaches engraissées » avec le sang des pauvres. Osée s'appuie sur sa dramatique expérience conjugale de mari trompé, qui reprend néanmoins son épouse infidèle, pour évoquer la fidélité de Dieu envers son peuple idolâtre.

Isaïe compare Dieu tantôt à un vigneron (Is 5,1-18), tantôt à un laboureur (Is 28, 23-29) ou encore à un architecte (Is 62, 5). Il décrit la future Cité messianique sous les traits d'un pays pacifié où le lion mange de la paille et où le nourrisson joue sur le trou du cobra (Is 11, 6-8).

Jérémie compare Dieu à un potier (Jr 18,1-6), à un paysan qui a planté son peuple comme un cep de première qualité (Jr 2, 21) et parle de Son amour à l'égard de celui-ci comme d'une mère de famille dont les entrailles s'émeuvent pour ses enfants chéris (Jr 31,19-20). Images pittoresques, tendres, drôles ou cruelles, tout est bon pour frapper l'imagination, secouer la torpeur, l'aveuglement, l'infidélité de leur peuple et tourner son regard vers l'horizon des promesses de Dieu.

Ces prophètes sont aussi, à l'occasion, d'ingénieux metteurs en scène. Ils sont capables de mimer, par leurs comportements ou par des gestes symboliques, une situation présente ou un événement à venir. Isaïe n'hésite pas à se promener tout nu, pendant trois ans, pour annoncer la déportation imminente de son peuple en Egypte (Is 20,1-6). Jérémie, au cours d'une harangue, brise avec emphase une cruche d'argile pour signifier le sort des idolâtres (Jr 19,1-6). Il invente tout un scénario, avec une ceinture de laine qu'il laisse pourrir dans une fente de rocher, au bord de l'Euphrate, pour expliquer la décomposition de Juda, rebelle à la Parole de Dieu (Jr 13,1-9).

Ezéchiel est, lui aussi, doué pour la mise en scène ! A l'aide d'une brique où il grave le nom de Jérusalem et d'un poêle de fer, il mime le siège de la Ville Sainte. Il mange une galette d'orge, cuite sur des excréments humains, se rase les cheveux et la barbe, pèse les poils dans une balance, en brûle une partie et en répand une autre dans le vent, pour évoquer la dispersion, l'exil de son peuple (Ez 3 et 4). Gestes insolites qui piquent la curiosité de leurs contemporains beaucoup plus qu'une longue prédication.

Même les Sages d'Israël garderont ce goût très oriental de la comparaison imagée :

« Une femme parfaite est la couronne de son mari ;
mais une femme éhontée est une carie dans ses os » (Pr 12,4).

« Un anneau d'or au groin d'un pourceau :
une femme belle, mais dépourvue de tact » (Pr 11,22).

« Mieux vaut un homme patient qu'un héros,
un homme maître de soi qu'un premier de ville » (Pr 16,32).

« Un frère aidé par son frère est une place forte,
et des amis sont comme les verrous d'un donjon » (Pr 18,19).

« Doux est à l'homme le pain de la fraude,
mais ensuite, la bouche est remplie de gravier » (Pr 20,17).

Ce procédé littéraire de la comparaison ira même en s'amplifiant dans le judaïsme tardif. Les rabbins contemporains de Jésus employaient fréquemment la parabole dans leurs commentaires de la Loi, comme méthode pédagogique d'enseignement. On peut en relever des centaines dans les écrits rabbiniques. Déjà, il est question de trésor caché, de vigne, d'invitation au festin, de moisson, de berger et de brebis. Et Dieu y est, tour à tour, présenté sous les traits d'un père, d'un juge ou d'un roi. Enseignement imagé qui éclaire les passages plus obscurs de l'Ecriture ou qui les actualise en les comparant à des situations contemporaines des auditeurs par la formule stéréotypée : « A quoi cela est-il semblable ? ». Formule que Jésus luimême reprendra.

Ainsi la parabole appartient au génie oriental qui a l'art d'articuler un sens aigu de la transcendance, son besoin d'images concrètes et son goût pour le paradoxe, l'énigme ou le conte qui éveillent l'attention des auditeurs.

2. *Qu'est-ce qu'une parabole ?*

La parabole est dans sa forme la plus simple une comparaison tirée de la nature ou de la vie présente. Elle est alors assez proche de ces innombrables proverbes que nous retrouvons dans toutes les cultures. Jésus lui-même en emploie un certain nombre, probablement bien connus de ses auditeurs, pour illustrer son propre enseignement : « Là où se trouvent les cadavres, les vautours se rassemblent », « Si un aveugle guide un aveugle, ils tombent tous les deux dans la fosse », « On n'allume pas une lampe pour la mettre dans la huche à farine ».

En développant un peu ces comparaisons imagées nous entrons dans le monde des paraboles. Parfois très courtes, comme celles du trésor caché ou de la brebis perdue, elles sont toujours construites autour d'une seule comparaison. Plus longues, comme celle du Semeur ou de l'Enfant prodigue, elles prennent les allures d'un conte populaire dont elles empruntent souvent les formes narratives.

Dans l'enseignement de Jésus, la parabole est une comparaison entre un fait ou un événement, connu de ses auditeurs, et une Réalité invisible : celle du Royaume de Dieu. Cette comparaison peut être énoncée en une phrase ou, plus développée, devenir un récit. En fait, elle est plus souvent une invitation à réfléchir sur notre comportement qu'un enseignement didactique. Elle porte presque toujours notre attention sur un point assez précis : l'irruption actuelle du Royaume, les biens de ce Royaume ou l'urgence de l'accueillir. Elle est une manière astucieuse de nous aider à porter un nouveau regard critique sur nous-mêmes par histoires et personnages interposés.

Parfois la parabole peut contenir plusieurs leçons. Ainsi celle du « Fils prodigue » comporte autant une révélation sur la miséricorde inlassable de Dieu-Père, sa joie de pardonner qu'une invitation à la conversion pour l'homme pécheur.

La parabole, même développée, ne dépasse pas, généralement, la comparaison simple et globale. Quand ce n'est plus seulement l'ensemble du récit mais chaque élément qui reçoit un sens particulier, une comparaison distincte, nous entrons alors dans un autre genre littéraire : celui de l'allégorie. Celle de la vigne en est une bonne illustration. Jésus lui-même a probablement donné, parfois, à ses paraboles un tour plus ou moins allégorique. Il faut reconnaître que la frontière entre ces deux genres littéraires est assez floue.

3. *Jésus et les paraboles*

Jésus appartient bien à cette culture orientale qui cultive, depuis des siècles, ce goût de la comparaison et du conte populaire. Il reprend d'ailleurs volontiers des images déjà utilisées par les prophètes, transmises de génération en génération, chargées dans la mémoire populaire d'un héritage historique, affectif et religieux telles que celles de la vigne ou du pasteur.

Comme tout bon conteur, Jésus sait admirablement utiliser ce qu'il observe dans la nature, les faits divers, les événements exceptionnels et même le récit à la limite du vraisemblable pour capter l'attention de ses auditeurs. Ses paraboles manifestent une étonnante complicité naturelle avec la création et surtout le monde des hommes. Le moindre geste humain, un arbre, un enfant, un grain de blé, tout le renvoie à ce Dieu qui l'habite et qu'il révèle. Aucune trace, dans son enseignement, de dualisme, de manichéisme ou de fuite dans un imaginaire échevelé.

Ses paraboles jaillissent toujours du spectacle de la vie quotidienne de l'homme qu'il « regarde » autrement. Et si Jésus ne crée pas le genre littéraire de la parabole, il lui donne un nouveau contenu. Il ne raconte pas pour distraire. Son unique préoccupation est de révéler le « Mystère du Royaume de Dieu ». Toutes les paraboles ne parlent de rien d'autre !

4. *Pourquoi un « Royaume » ?*

Nos contemporains se demandent parfois si ce vocabulaire de « royaume », de « royauté » ne dessert pas le message de Jésus par rapport à une mentalité démocratique et républicaine telle que la nôtre. Ou ne risque-t-il pas d'évoquer tout au plus, aujourd'hui, quelques pages de l'histoire ancienne, un passé légendaire qui n'a plus rien à voir avec le monde actuel ?

Dans ce cas, les histoires du « Royaume » racontées par Jésus toucheraient l'imaginaire collectif, au même titre qu'un roman de cape et d'épée, sans que nous nous sentions véritablement concernés dans notre existence quotidienne.

Sachons dépasser ce fossé culturel. Demandons-nous ce que pouvait bien évoquer l'expression « Royaume de Dieu » dans la mentalité de ceux qui écoutaient Jésus. Tous avaient lu ou entendu lire, au moins à la synagogue, ces merveilleux textes des prophètes ou des psaumes évoquant la « royauté » du Dieu de l'Alliance.

Déjà un premier correctif s'impose pour notre univers mental. Car dans la tradition biblique, le « Royaume » de Dieu ne vise pas d'abord l'attente d'un territoire mais la reconnaissance de Dieu comme Roi, souverain de l'univers visible et invisible.

Cette Royauté du « Seigneur Dieu » n'est pas un titre mais une qualité de son être même. Souveraineté de fait, mais qui ne s'impose pas aux hommes à la manière des royautés terrestres.

5. Où est ce Royaume ?

Mais me direz-vous, ce fameux « Royaume de Dieu » où régnera la justice et la paix ne serait-il pas qu'une transposition religieuse du vieux rêve des hommes ? Ne serait-il pas, dans un monde où les guerres succèdent aux guerres, un mythe nécessaire de l'inconscient collectif, afin que l'humanité ne sombre pas dans la désespérance ?

Et pourquoi ne serait-il pas aussi une mystérieuse attente entretenue par l'Esprit de Dieu lui-même dans le cœur de l'homme ?

Les prophètes annoncent qu'un « jour viendra » où la souveraineté de Dieu sera pleinement manifestée, où son Règne universel sera reconnu par tous, où toute la création, terrestre et céleste, sera véritablement son Royaume. A cette « venue du Règne de Dieu », les prophètes associent toujours la justice, la miséricorde et la paix. Ce sera même sa manière à Lui de manifester sa puissance et sa gloire.

Après l'Exil, cette royauté est de plus en plus liée à la « venue » d'un Messie-Roi, descendant de la lignée de David, à qui Dieu remettra tous ses pouvoirs.

Comment ? Quel visage prendra ce « règne de Dieu » ? A ce

sujet de nombreux scénarios possibles avaient été imaginés. Ainsi cette attente du « Royaume de Dieu » par le peuple de l'Alliance était-elle assez puissante et assez vague pour être sollicitée dans de multiples sens. Mais l'attente du « Royaume de Dieu » était vraiment le cœur de l'espérance du peuple d'Israël. Quelles folles pensées devaient animer ses disciples, le jour où Jésus accepta cette étrange et significative mise en scène pour son ultime entrée à Jérusalem : « Béni soit, au nom du Seigneur, Celui qui vient ! Béni soit le règne qui vient, le règne de David notre père » (Mc 11,9-14).

Jésus ne s'étonnera pas des malentendus que suscitera son message. Ses paraboles sont justement une invitation au discernement critique entre la Réalité nouvelle qu'il nous apporte et nos phantasmes imaginaires, entre le rêve et l'espérance.

6. L'insaisissable Royaume de Dieu

« Le Royaume de Dieu est semblable à... Mon Royaume n'est pas de ce monde, mais il est déjà parmi vous, en vous... »

Le Royaume ! Manifestement ce Royaume du Père occupe dans la vie de Jésus une place centrale. Le Royaume habite son cœur. Le Royaume hante ses pensées. Le Royaume polarise son enseignement. Or, paradoxalement, jamais Jésus n'en donne une définition ou une description précises ! Il ne fait que l'évoquer, le suggérer par de nombreuses paraboles, à la manière des peintres impressionnistes qui procèdent par de multiples petites touches de couleurs. Insaisissable Royaume, sans frontières ni contours précis, et pourtant si proche de nous !

Insaisissable ! Ainsi, lorsque des pharisiens lui demandent : « Quand donc vient le Règne de Dieu ? » La réponse de Jésus peut paraître déconcertante : « Le Règne de Dieu ne vient pas comme un fait observable. On ne dira pas : "Le voici" ou "Le voilà". En effet, le Règne de Dieu est parmi vous » (Lc 17,20-21).

Et pourtant si proche de nous ! Au scribe qui a répondu que l'amour de Dieu et de son prochain vaut mieux que tous les sacrifices, Jésus dit simplement :« Tu n'es pas loin du Royaume de Dieu ! » (Mc 12,32-34).

L'impossibilité de le cerner avec nos repères humains habituels ne signifie nullement que ce Règne ne soit qu'une réalité intérieure, intime. Jésus se présente lui-même comme le Signe vivant de ce Règne qu'il ne se contente pas d'annoncer mais qu'il manifeste par des gestes concrets. « Si c'est par l'Esprit de Dieu — le doigt de Dieu dit même saint Luc — que je chasse les démons, alors le Règne de Dieu vient de vous atteindre » (Mt 12,28). Il mange avec les exclus, accueille les prostituées, guérit les malades, pardonne aux pécheurs. Tous ces gestes sont des « signes », des « paraboles en actes » qui manifestent qu'en la personne de Jésus le Règne de l'Amour est bien arrivé parmi nous, que Dieu a décidé d'exercer sa royauté sur notre terre. « Jésus accueillit les foules. Il leur parlait du Règne de Dieu et il guérissait ceux qui en avaient besoin » (Lc 9,11).

Le Royaume que Jésus révèle dans ses paraboles et par ses actes est plus qu'une promesse, une réalité future (eschatologique), un « lieu idéal » vers lequel nous marcherions mais une Réalité présente. Il est lui-même la Semence de ce Royaume jetée en notre terre. Il est le Royaume de Dieu qui vient vers nous. Tel est l'essentiel de son message : « Jésus faisait route à travers villes et villages, il proclamait et annonçait la Bonne Nouvelle du Règne de Dieu » (Lc 8,11).

Il a même inauguré son ministère public en proclamant : « Le temps est accompli, le Règne de Dieu s'est approché : convertissez-vous et croyez à l'Evangile » (Mc 1,15). Autrement dit, se convertir c'est croire qu'il est, lui, Jésus, l'émergence du Royaume de Dieu sur notre terre. Avec lui, le Règne de Dieu, celui de l'Amour, est désormais à notre porte. Il n'est plus un rêve mais une réalité à notre portée !

Et pourtant ce Règne ne sera pas le fruit d'un coup de baguette magique. Jésus ne cultive pas le merveilleux. Si le Règne de Dieu est parmi nous, encore faut-il que l'homme se convertisse pour l'accueillir. « Comme les gens écoutaient ces paroles, Jésus ajouta une parabole parce qu'il était près de Jérusalem, et qu'eux se figuraient que le Règne de Dieu allait se manifester sur-le-champ » (Lc 19,11).

En fait, Jésus ne nous parle jamais du Royaume comme d'un paysage statique que nous pourrions déjà entrevoir comme noyé dans la brume, mais presque toujours comme d'une histoire dynamique en train de se dérouler et à laquelle nous sommes conviés. Jésus est tout le contraire d'un rêveur, perdu dans un monde imaginaire. Et ses paraboles, aussi belles soient-elles, sont bien plus que des évocations poétiques.

Elles sont toujours une invitation à prendre une décison concrète, à agir. Ce Galiléen, aux mains calleuses de travailleur manuel, parle de champs et de paysans, de semailles et de moissons, de filets et de pêcheurs, d'ouvriers et de vignerons, de banquets et de prostituées, de bergers et de brebis, de noces et de lampe à huile, de rois et de débiteurs insolvables, d'auberges et de brigands... Etrange conteur de terroir qui cherche à nous faire entrevoir comme une « quatrième » dimension des événements, des êtres, des choses, de la réalité quotidienne.

Dimension cachée, réelle, mais invisible, qui nous échappe. Là, où ne nous voyons le plus souvent que destin aveugle, absurdité, insignifiance, il discerne, au-delà des contradictions apparentes, une cohérence, des harmoniques, comme s'il déchiffrait une histoire écrite en filigrane : celle du Royaume de Dieu ! « C'est par un grand nombre de paraboles qu'il leur annonçait la Parole dans la mesure où ils étaient capables de l'entendre. Et il ne leur parlait pas sans paraboles... » (Mc 4,33-34).

En ce sens, les paraboles de Jésus sont une « école du regard ». Elles nous apprennent à contempler la face cachée de la vie quotidienne avec les yeux de la foi.

A l'école des paraboles, le moindre fait divers, banal, devient dévoilement de la Réalité invisible, immense iceberg dont nous ne percevons habituellement que la faible surface émergée. Tout prend de la densité, de l'épaisseur ou de la profondeur. Notre univers familier se dilate à l'infini. Plus rien n'est isolé. Tout communique, se correspond. Le paysan qui sème, la femme qui pétrit son pain, le lis des champs, le ciel rouge au soleil couchant, tout être vivant, tout élément de l'univers créé devient un acteur, plus ou moins conscient, d'une aventure que Jésus révèle : celle du Royaume de Dieu.

7. *Une pédagogie au service du « Mystère » révélé*

Le « Mystère du Royaume » est donc le thème central de toutes les paraboles de Jésus. L'accueil ou le rejet, l'actualité et la venue inéluctable de ce Royaume sont le noyau permanent de toutes les paraboles. Secrète germination. Lente montée de l'Esprit à travers les millénaires, la multiplicité des cultures et des civilisations. Lente montée de la sève de l'Amour au cœur de l'homme.

C'est la raison pour laquelle il faut voir dans le caractère parfois énigmatique de certaines paraboles non pas une volonté de dissimuler mais une invitation à creuser la signification de son message. Jésus n'est pas le fondateur d'une secte « d'initiés ». Il se veut Parole de vie, Dévoilement du mystère de Dieu pour tous les hommes, même les plus humbles. Mais la Réalité insondable du Royaume qu'il révèle échappe à l'auditeur superficiel. Celui-ci n'entend que des histoires. Osons même dire que, sans la lumière de l'Esprit Saint, l'homme ne peut rester qu'en « dehors » ou au seuil des paraboles. Jésus est bien conscient de l'aspect proprement « inouï », au sens littéral du terme, de ce qu'il dit.

« Si quelqu'un a des oreilles pour entendre, qu'il entende ! Faites attention à ce que vous entendez ! » (Mc 4,23-24). C'est la qualité de notre écoute qui nous fait passsr de la foule qui n'entend que des histoires plus ou moins énigmatiques au « disciple » qui entend et comprend le Mystère ainsi révélé. « A vous le Mystère du Règne de Dieu a été donné, mais pour ceux qui restent dehors, tout devient énigme ! » (Mc 4,13).

La parabole est un moyen pédagogique privilégié pour ouvrir l'homme à un Mystère qui dépasse ses capacités naturelles de compréhension. Comme le symbole, la parabole donne à penser. A travers des thèmes aussi connus que ceux des semailles ou du festin de noces, chacun est appelé à y pressentir des perspectives nouvelles. Le « Mystère du Royaume » dépassera toujours nos catégories mentales.

Ce qui explique le paradoxe des paraboles. Elles dévoilent sans aveugler. Elles suggèrent sans contraindre. Elles illuminent ou cachent. Elles interrogent ou laissent indifférents, elles ouvrent ou elles ferment, elles agacent parfois, elles intriguent toujours, selon la disponibilité de l'auditeur.

Le Mystère du Royaume n'est pas une évidence immédiate. Seuls, ceux qui « ont des yeux pour voir et des oreilles pour entendre » peuvent l'accueillir. Révélation que « ni la chair ni la sang mais le Père qui est dans les cieux » permet de comprendre.

Encore une fois, si la plupart des paraboles de Jésus ont le parfum et les couleurs de la Galilée, si Jésus a préféré, au discours philosophique ou théologique, des images accessibles de la vie quotidienne, de la ménagère, du paysan ou du pêcheur, celles-ci visent néanmoins à tourner, à « convertir » le regard de l'homme vers le « Mystère » de Dieu.

De fait chaque parabole illustre, à sa manière, un seul et unique Evénement historique, inédit : l'irruption de Dieu dans notre monde. N'oublions jamais que le sujet principal de toutes ces paraboles n'est rien d'autre que Jésus lui-même. Figure vivante du Mystère de ce Royaume dont il manifeste, en personne, la Venue. Jésus est la première Parabole vivante du Royaume qu'il inaugure et annonce. Parabole vivante qui éclaire toutes les paraboles. En lui « le » Mystère caché depuis des siècles a pris chair. Il en est aussi la clef et le sens ultime. Avec lui, le temps s'ouvre sur l'éternité.

C'est la raison pour laquelle les paraboles sont essentiellement christologiques et théocentriques. Elles mettent en scène, le plus souvent, Dieu lui-même sous les traits d'un père, d'un roi ou d'un vigneron. Le Christ, dans sa mission historique et sa gloire future, y est présenté comme un voleur, un maître de maison ou l'époux des noces. Dieu et son envoyé, Jésus, sont les personnages centraux des paraboles.

Jésus n'est pas un fondateur d'école ou un « moraliste » mais une interrogation radicale et décisive. Ses paraboles ne sont pas d'abord des « contes moraux » mais des « paraboles de révélation » où il ouvre une nouvelle interprétation de l'histoire, du temps, de la vie de l'homme et de sa relation avec le divin. Désormais, tout homme doit choisir, discerner, accueillir ou refuser Jésus qui donne sens au temps présent et le tourne vers l'avenir.

Dans ces paraboles, nous écoutons comment Jésus a compris et interprété sa propre mission. Le Royaume dont l'absolu transcende le monde est néanmoins venu au cœur de notre histoire. Les paraboles illustrent cette rencontre unique de l'invisible et du visible, de l'éternité et du temps, de l'humain et du divin.

8. *Des paraboles ouvertes qui questionnent tout homme*

Etranges et merveilleuses paraboles ! Simples et énigmatiques. Concrètes et insaisissables. Elles suscitent parfois plus d'interrogations qu'elles n'appportent de réponses.

Ce n'est pas par hasard si Jésus conclut souvent celles-ci par une question à laquelle il se garde bien de répondre trop vite. Il veut provoquer la réflexion. Très habilement il transforme ses auditeurs, ceux d'hier et d'aujourd'hui, en acteurs de l'histoire racontée et les invite à décider eux-mêmes de son dénouement. Il leur laisse le soin d'apporter un jugement personnel sur l'histoire évoquée. « Et toi, qu'en penses-tu ? »

Rappelons-nous que Jésus s'adressait d'abord à un auditoire situé dans un contexte socio-culturel bien déterminé. De plus, comme nous l'avons dit, la frontière entre le genre littéraire des paraboles et celui de l'allégorie est parfois assez floue. Ainsi les évangélistes eux-mêmes et les pères de l'Eglise des premiers siècles ont certainement accentué cette tendance allégorisante en réinterprétant les paraboles de Jésus en fonction de la situation concrète de leur propre communauté.

Si Jésus, dans ses paraboles, était surtout soucieux de révéler le mystère de Dieu et de son Royaume, la primitive Eglise, à la lumière de Pâque, a eu tendance à y discerner davantage une révélation sur Jésus lui-même. Ses paraboles sont aujourd'hui encore proclamées et reçues dans des communautés chrétiennes diverses. Tout changement d'auditoire infléchit nécessairement leurs interprétations.

La parabole du « Bon Samaritain », par exemple, qui, au départ, est probablement une invitation de Jésus à réfléchir sur notre comportement pratique à l'égard de tout homme, devient sous la plume de l'évangéliste saint Luc un véritable « condensé » de toute l'histoire du Salut. Le Bon Samaritain figure Jésus lui-même venu sauver l'homme blessé par le péché et abandonné sur le bord du chemin. Les pères de l'Eglise verront même dans l'huile et le vin la préfiguration des sacrements, et dans l'auberge, le symbole de l'Eglise...

Ceci ne doit pas nous surprendre puisqu'une parabole demeure toujours ouverte. Si déjà un chef-d'œuvre musical est tellement riche qu'il est susceptible de réinterprétation toujours nouvelle et qu'aucun artiste ne peut prétendre l'avoir parfaitement et totalement interprété, que dire d'une parabole dont la signification dépasse infiniment le contexte socio-culturel qui l'a vue naître ?

Si les paraboles visent souvent une situation précise, leur profondeur spirituelle et symbolique les empêchent de vieillir. Elles sont capables de toucher, aujourd'hui encore, tous ceux qui « ont des oreilles pour entendre ».

La richesse d'une parabole est justement d'ouvrir sans cesse de nouvelles applications concrètes ou de nouvelles perspectives à propos de la Réalité du Royaume de Dieu que nous n'aurons jamais fini de découvrir et de méditer. J'ai fait allusion à la parabole du Bon Samaritain qui reçut très tôt de multiples interprétations chez les pères de l'Eglise. Aujourd'hui encore, elle peut recevoir de nouvelles et légitimes interprétations, telles que les nouvelles formes de solidarité avec les laissés-pour-compte de nos sociétés modernes, avec les pays les plus défavorisés...

Aucune interprétation ne peut en épuiser définitivement le sens. C'est pourquoi les paraboles sont une source privilégiée pour saisir à la fois la mission historique de Jésus, les interrogations qu'il a soulevées hier et soulève encore aujourd'hui.

Et si les évangélistes ajoutent parfois leur interprétation en fonction de la situation historique de leur propre communauté, les paraboles demeurent ouvertes, inépuisables. Ainsi, à l'instar des premières communautés chrétiennes, chaque génération de croyants est invitée à apporter sa réponse propre, sa propre interprétation des paraboles afin de pouvoir mieux les comprendre et les vivre dans la situation concrète de son époque. En sachant toutefois que ces interprétations légitimes, plus ou moins heureuses, ne doivent pas nous dispenser de nous efforcer d'en garder la portée originelle.

Il y a en fait, pour chaque parabole, trois niveaux de lecture possibles et indissociables : celui du sens que Jésus pouvait lui donner dans le contexte historique de sa prédication, celui de l'interprétation que les évangélistes en ont donné et celui des inépuisables applications que nous pouvons aujourd'hui encore en tirer.

Afin de ne pas réduire la richesse des paraboles, il ne faut ni oublier ni confondre ces différents niveaux d'interprétation.

Il faut aussi se rappeler qu'on ne peut pas lire et interpréter une parabole sans la resituer dans l'ensemble des autres paraboles, des Evangiles et de toute la Révélation elle-même.

C'est la raison pour laquelle il nous faut toujours lire, scruter les paraboles avec tous les outils que l'exégèse moderne nous offre, avec les interrogations concrètes de notre temps et surtout les ruminer avec le cœur, les prier dans l'Esprit qui, seul, assure à la fois la cohérence et les développements de la Parole de Dieu.

C'est ce que nous avons tenté de faire en composant ces prières pour chacune des paraboles.

CHAPITRE 2

Jésus est la semence du Royaume de Dieu, du Règne de l'amour

Parabole du Semeur

(Matthieu 13,1-23)

Ce jour-là, Jésus était sorti de la maison, et il était assis au bord du lac. Une foule immense se rassembla auprès de lui, si bien qu'il monta dans une barque où il s'assit ; toute la foule se tenait sur le rivage.

Il leur dit beaucoup de choses en paraboles : « Voici que le semeur est sorti pour semer. Comme il semait, des grains sont tombés au bord du chemin, et les oiseaux sont venus tout manger. D'autres sont tombés sur le sol pierreux, où ils n'avaient pas beaucoup de terre ; ils ont levé aussitôt parce que la terre était peu profonde. Le soleil montant, ils ont brûlé et, faute de racines, ils ont séché. D'autres grains sont tombés dans les ronces ; les ronces ont monté et les ont étouffés. D'autres sont tombés sur la bonne terre et ils ont donné du fruit à raison de cent, soixante, ou trente pour un. Celui qui a des oreilles, qu'il entende ! »

Les disciples s'approchèrent de Jésus et lui dirent : « Pourquoi leur parles-tu en paraboles ? » Il leur répondit : « A vous, il est donné de connaître les mystères du Royaume des cieux, mais à eux ce n'est pas donné. Celui qui a, on lui donnera et il sera dans l'abondance ; mais celui qui n'a rien, on lui enlèvera même ce qu'il a. Si je leur parle en paraboles, c'est parce qu'ils regardent sans regarder, écoutent sans écouter et sans comprendre. Ainsi s'accomplit pour eux la prophétie d'Isaïe : ''Vous aurez beau écouter, vous ne comprendrez pas. Vous aurez beau regarder vous ne verrez pas. Le cœur de ce peuple s'est alourdi : ils sont devenus durs d'oreilles, ils se sont bouché les yeux, pour que leurs yeux ne voient pas, que leurs oreilles n'entendent pas, que leur cœur ne comprenne pas, et qu'ils ne se convertissent pas. Sinon je les aurais guéris !''

Mais vous, heureux vos yeux parce qu'ils voient, et vos oreilles parce qu'elles entendent ! Oui, je vous le dis : beaucoup de prophètes et de justes ont désiré voir ce que vous voyez et ne l'ont pas vu, entendre ce que vous entendez et ne l'ont pas entendu.

Vous donc, écoutez ce que veut dire la parabole du semeur. Quand l'homme entend la parole du Royaume sans la comprendre, le Mauvais survient et s'empare de ce qui est semé dans son cœur : l'homme c'est le terrain ensemencé au bord du chemin. Celui qui est ensemencé sur un sol pierreux représente l'homme qui entend la Parole et la reçoit aussitôt avec joie ; mais il n'a pas de racines en lui, il est l'homme d'un moment : quand vient la détresse ou la persécution à cause de la Parole, il tombe ausssitôt. Celui qui est ensemencé dans les ronces représente l'homme qui entend la Parole ; mais les soucis du monde et les séductions de la richesse étouffent la Parole, et il ne donne pas de fruit. Celui qui est ensemencé dans la bonne terre représente l'homme qui entend la Parole et la comprend ; il porte du fruit à raison de cent ou soixante ou trente pour un [1] ! »

1. Nous avons délibérément suivi les textes et la traduction liturgiques afin que tous les chrétiens, en particulier les prêtres, les animateurs liturgiques, les participants aux assemblées dominicales, puissent retrouver dans ces paraboles méditées et priées l'écho des lectures entendues au cours de la liturgie.

1. Le Semeur est sorti pour semer sa semence

Seigneur, depuis l'aube de la création,
tu ne te lasses jamais de semer.
Par ton Esprit, au cours de notre longue histoire,
tu as semé dans le cœur
 et l'intelligence des hommes,
dans leurs mythes, leurs cosmogonies
 et leurs chansons,
dans leurs philosophies, leurs sagesses
 et leurs aspirations,
dans les textes et les rites de leurs religions...
Lancinantes interrogations, balbutiantes approches,
réponses provisoires, fulgurantes intuitions...

Aujourd'hui encore, tu ne cesses de semer,
dans la terre du biologiste qui s'interroge sur l'origine
 de la vie,
dans la terre du poète qui scrute l'indicible,
dans la terre de l'homme en prière qui guette
 l'Invisible,
dans la terre des assoiffés de justice
et celles des bâtisseurs de paix,
dans la terre des malades, des truands et des
 débauchés...

Mais surtout Seigneur,
pour féconder notre terre,
un jour,
tu décidas d'envoyer ta Parole,

ton propre Fils, Jésus,
sur le rivage des hommes.

Il est sorti de ta Maison paternelle
pour semer ta vie et ton amour,
ton espérance, ta joie et ta paix.

Il est, désormais, le Semeur et la Semence
enfouie au cœur de notre terre
et dans la terre de notre cœur.
Terre labourée et cœur broyé,
terre tendre et cœur ouvert,
terre gelée et cœur fermé,
terre fertile et cœur généreux.

Partout, hier et aujourd'hui,
au cœur de tous les hommes
et de toutes les civilisations,
ton Fils continue de semer
les semences de ton Eternité.
En lui, l'incroyable est déjà réalisé,
l'histoire est déjà achevée.

2. Le Règne de Dieu est à vos portes !

Seigneur, tu ne cesses de proclamer aux hommes,
aujourd'hui comme hier :
« Le Règne de Dieu est proche de vous,
convertissez-vous
et croyez en cette Bonne Nouvelle ! »

Convertis notre regard
afin que nous sachions discerner
ta nouvelle et imprévisible Présence,
à la porte de chaque matin,
à la porte de nos maisons et de nos lieux de travail,
à la porte de notre cœur et de nos assemblées,
à la porte du quotidien.

Montre-nous qu'il suffit de peu,
qu'il suffit d'un rien
pour te pressentir tout proche,
soudain !
Une rencontre, un sourire, un regard, une poignée de
mains,
un oiseau, une fleur, un nuage, un soleil couchant,
un mot, un silence, une prière, le rire d'un enfant,
une lettre, un coup de téléphone, un repas de famille,
une croix à la croisée des chemins...
Il suffit de peu, il suffit d'un rien

Convertis-nous au regard de la foi,
ouvre nos yeux afin qu'ils voient
la furtive clarté de ta Présence
dans l'ombre du quotidien ;
ouvre nos oreilles afin qu'elles entendent
le souffle discret de ton passage
dans la rumeur du quotidien.

Convertis-nous,
afin que nous sachions discerner ta Présence,
dans notre famille, notre quartier, nos voyages,
dans nos réunions, nos détentes et nos combats.

Convertis-nous,
accorde-nous la lumière de ton Esprit Saint
pour voir le Règne de ton amour
qui s'approche de nous,
dans les paraboles des événements
de chaque jour.

3. Mon Royaume est déjà en vous

Grâces te soient rendues, Seigneur,
pour la Parole de ton Fils,
Semence de Vie
qui fit jaillir le ciel et la terre.

Grâces te soient rendues, Seigneur,
pour le souffle de l'Esprit,
Promesse de Vie
qui ensemence en nous
l'amour, la foi et l'espérance,
secrètes énergies d'un monde en gestation.

Grâces te soient rendues, Seigneur,
pour la mort et la résurrection de ton Fils,
qui ont ouvert le temps de la moisson.
Par lui, ton Royaume est déjà parmi nous,
par lui, ton Jour,
le jour du Jugement, le temps du discernement
est déjà commencé.

Grâces te soient rendues, Seigneur,
car ton Royaume n'est pas pour demain,
il est pour aujourd'hui.
En tout acte d'amour, de partage, d'amitié,
de solidarité et de pardon,
chaque jour de notre vie,
en chacune de nos décisions,
mûrit la moisson
où tu jettes déjà la faucille.

4. Va et sème à tous vents

Jésus, tu es le Semeur,
hier, sur les routes de Galilée,
aujourd'hui, sur les routes de notre vie.
Tu sèmes toujours à profusion, à la volée,
sans jamais te lasser.
Car, tu sais qu'il faut compter,
avec les oiseaux, les buissons
et les pierres disséminées.
Toi, qui en dépit de vaines semailles et d'échecs apparents,
as poursuivi ta mission inlassablement ;
toi le Grain de blé qui meurt, enfoui dans la mort,
tu redis à chacun de nous que tu envoies pour ta moisson :

Va vers tous les hommes, mes frères.
Risque ma Parole, le matin, le soir et à midi,
à tous les âges de leur vie.

Dans les promesses de leur naissance,
dans les interrogations de leur adolescence,
dans les engagements, les choix, les échecs
et les doutes de leur maturité,
dans l'ultime passage, au bout de leur route,
où s'ouvre l'éternité.

Sème ma Parole à tous les vents,
inlassablement.
Sème dans les fêtes, les deuils et les révolutions,
sème dans les mouvements sociaux
et les contestations,
sème sur les places publiques et aux coins des rues.

Sème dans les terres dévastées, calcinées
par la guerre, la haine ou la misère ;
sème dans les terres labourées
par l'épreuve, la souffrance et la prière ;
sème dans la terre disponible des enfants et des cœurs purs.

Sème dans la terre de chaque génération et de chaque culture,
sème dans les terres piétinées des peuples asservis,
sème dans les terres retournées au soir de la vie.

Et souviens-toi,
que tout ce que tu auras patiemment semé,
souvent dans la peine et les larmes,
d'autres le moissonneront ;
la fécondité de ton labeur échappera à tes propres yeux,
car elle ne sera jamais totalement la tienne,
mais celle de mon Père qui est dans les cieux.

5. Donne-moi de croire au-delà des apparences

Seigneur accorde-moi le don de la confiance
qui espère tout de ta miséricordieuse patience.

Quand la profondeur de mon péché me désespère,
donne-moi de croire que Tu ne renonces jamais
à semer dans la boue de ma médiocrité.

Quand la souffrance m'accable,
donne-moi de croire que Tu y sèmes une secrète fécondité.

Quand la mort me fait peur,
donne-moi de croire que le grain qui meurt
est semence d'un nouvel épi de blé.

Quand le malheur des opprimés me révolte,
donne-moi de croire que le combat pour la justice
est semence de victoire et de liberté.

Quand le doute me paralyse,
donne-moi de croire
que les nuages n'empêchent pas le soleil de briller.

Quand ton Eglise est infidèle à sa mission,
donne-moi de croire
que Tu sèmes au cœur même de nos contradictions.

Quand l'homme ne rêve plus que de rentabilité,
donne-moi de croire aux fruits cachés de la sainteté.

Quand dans nos villes, la vie semble comme pétrifiée,
donne-moi de croire en la force de la fleur
qui pousse entre deux pavés.

Quand le bruit du canon étouffe le cri des blessés,
donne-moi de croire
que Tu sèmes encore des désirs de paix.

Seigneur, accorde-moi le don de la confiance
afin que je croie que rien ni personne
ne pourra jamais totalement étouffer
les semences de la vie et de l'Amour ;
ces semences que, par ta mort et par ta résurrection,
tu as semées en notre terre.

UNE PAROLE À PARTAGER

« La résurrection du Christ est la vraie espérance du monde. Joyeuses Pâques ! »

Pape François
Tweet du 21 avril 2019

Pour ....
....
De la part de ....
....

L'incrédulité de saint Thomas, retable de l'école espagnole (XIVe s.), de l'église Sant-Feliu de Lledó, musée national d'Art de Catalogne, Barcelone (Espagne).

PrionsenÉglise

CHAPITRE 3

Le Royaume de l'amour : une croissance irréversible

Parabole de l'ivraie

(Matthieu 13, 24-30 et 36-43)

Jésus proposa cette parabole à la foule : « Le Royaume des cieux est comparable à un homme qui a semé du bon grain dans son champ. Or, pendant que les gens dormaient, son ennemi survint ; il sema de l'ivraie au milieu du blé et s'en alla.

Quand la tige poussa et produisit l'épi, alors l'ivraie apparut aussi. Les serviteurs du maître vinrent lui dire : ''Seigneur, n'est-ce pas du bon grain que tu as semé dans ton champ ? D'où vient donc qu'il y a de l'ivraie ?'' Il leur dit : ''C'est un ennemi qui a fait cela.'' Les serviteurs lui disent : ''Alors, veux-tu que nous allions l'enlever ?'' Il répond : ''Non, de peur qu'en enlevant l'ivraie, vous n'arrachiez le blé en même temps. Laissez-les pousser ensemble jusqu'à la moisson ; et au temps de la moisson, je dirai aux moissonneurs : Enlevez d'abord l'ivraie, liez-la en bottes pour la brûler ; quant au blé, rentrez-le dans mon grenier.'' »

Alors, laissant la foule, il vint à la maison. Ses disciples s'approchèrent et lui dirent : « Explique-nous clairement la parabole de l'ivraie dans le champ. » Il leur répondit : « Celui qui sème le bon grain, c'est le Fils de l'homme ; le champ, c'est le monde ; le bon grain, ce sont les fils du Royaume ; l'ivraie, ce sont les fils du Mauvais. L'ennemi qui l'a semée, c'est le Diable ; la moisson, c'est la fin du monde ; les moissonneurs, ce sont les anges. De même que l'on enlève l'ivraie pour le jeter au feu, ainsi en sera-t-il à la fin du monde. Le Fils de l'homme enverra ses anges et ils enlèveront de son Royaume, tous ceux qui font tomber les autres et ceux qui commettent le mal ; là il y aura des pleurs et des grincements de dents. Alors les justes resplendiront comme le soleil dans le Royaume de leur Père. Celui qui a des oreilles, qu'il entende ! »

1. Les deux faces du monde

Bon grain de la sexualité,
au service de l'amour donné et reçu.
Ivraie de la sexualité
pervertie en plaisir égoïste et en mépris du corps.

Bon grain de la science,
au service des progrès de l'humanité.
Ivraie de la science,
technologie de pointe pour tuer.

Bon grain du vin
qui réjouit le cœur de l'homme.
Ivraie du vin qui l'abrutit et le dégrade.

Bon grain des médias,
fenêtres ouvertes sur la diversité des cultures.
Ivraie des médias qui désinforment, intoxiquent ou abêtissent.

Bon grain des richesses et de l'argent
nécessaires au développement et au partage.
Ivraie des richesses et de l'argent
qui exploitent et appauvrissent les plus faibles.

Rien n'est totalement bon ou totalement mauvais.
Bon grain et ivraie.
Bien et mal.
Endroit et envers.
Face et revers de la médaille.

Face lumineuse et face ténébreuse.
Mystérieuse dualité du cœur de l'homme
que l'Esprit nous apprend à discerner !

2. Les mauvaises herbes montent vite en graine !

Voici que le Semeur est sorti pour semer sa semence !
Seigneur, aujourd'hui comme hier, tu n'en finis pas
dc sortir pour semer,
dans le jardin de notre cœur,
dans le jardin de notre terre.

Mais, tu sais combien les mauvaises herbes,
semées par un mystérieux Ennemi
peuvent donner, elles aussi,
de belles fleurs aux couleurs attrayantes !
Fleurs de l'égoïsme, fleurs de l'indifférence,
fleurs du plaisir immédiat, fleurs du succès facile.

Tu sais combien toutes ces mauvaises herbes
montent vite en graine pour ensemencer mon cœur,
mes pensées, toute ma vie
combien elles accaparent parfois toutes mes énergies !

Seigneur, Toi le Jardinier,
viens semer ta Parole de vie
dans le jardin de notre cœur en friche,

dans les broussailles de nos pensées.
Viens arracher toutes ces mauvaises herbes qui nous étouffent,
viens retourner, sarcler, biner, le jardin de notre terre
pour y jeter les semences de ton amour et de ta paix
de ta joie et de ton pardon.

Viens, Seigneur, toi qui aimes la vie
et désires tant nous la donner,
viens ensemencer, féconder le jardin de notre cœur
par ta Parole qui est Esprit et Vie.
Semences de ton Royaume,
Semences de Vie éternelle.

3. Je suis un cloaque de contradictions

Seigneur,
je ne me comprends pas !

Je suis un cloaque de contradictions !
Dans mon cœur se mêlent le meilleur et le pire,
lumière et ténèbres,
élan de générosité et triste lâcheté,
besoin de justice et lamentable compromission,
désir d'aimer et repliement sur moi-même,
solidarité et égoïsme,
capacité d'émerveillement et jalousie.

En moi s'affrontent le fils d'Adam
qui a bien envie de se passer de toi,
revendiquant une autonomie absolue,
et le fils de l'Esprit qui te désire, en criant : « Père »,
comme le fleuve cherche à se jeter dans la mer.

Seigneur,
accorde-moi assez d'humilité
pour savoir regarder mes faiblesses
et aussi reconnaître ce qu'il y a de bon en moi,
ce bon grain qui vient de toi.

Accorde-moi assez d'humilité
pour assumer le mal qui obscurcit ma vie
sans jamais m'y résigner comme une fatalité.
Accorde-moi assez de lucidité
pour discerner en moi, et dans les autres,
le bon grain et l'ivraie
et ne jamais identifier quelqu'un à son péché.

Toi, qui es le Souverain Bien,
accorde-moi le don de ton Esprit Saint,
semences, croissance et fruits de tous biens.
Apprends-moi à combattre le mal
en cultivant le bien.
Accorde-moi cette confiante assurance :
qu'au soir de ma vie,
toi seul pourras faire le tri
entre ce qui doit être rejeté
et ce qui sera engrangé
pour ton Royaume d'éternité.

4. Qu'attends-tu Seigneur ?

Un jour n'en pouvant plus, j'ai crié :
mais enfin, Seigneur, qu'attends-tu pour intervenir ?
Encore un peu de temps et il sera trop tard !
Ne vois-tu pas toutes ces semences du mal :
herbes folles de l'égoïsme, chienlit de la haine,
ronces de l'injustice qui envahissent notre terre ?

Il y en a partout !
Dans les rues et dans les maisons,
dans les usines et dans les bureaux,
dans les villes et dans les campagnes,
dans les palais et dans les tripots,
dans les laboratoires et dans les tribunaux,
dans les assemblées nationales et internationales,
dans les églises et les monastères
et jusque dans la Cité Sainte du Vatican... !

Qu'attends-tu, Seigneur ?
Si tu laisses faire, il n'y aura bientôt plus sur notre terre,
un seul mètre carré où pourront pousser
les fleurs de la tendresse, du pardon et de la paix
que tu avais semées avec tant d'amour
à l'aube de la création.

Qu'attends-tu, Seigneur ?
pour envoyer quelques commandos d'anges musclés
pour nettoyer cette planète qui finira par étouffer ?
Fais quelque chose !
Tu ne manques pourtant pas de moyens !
Et le Seigneur me répondit, ce jour-là :

Commence par retirer l'ivraie de ton jardin,
aide ton voisin à nettoyer le sien,
cultive et entretiens patiemment les fleurs du bien ;
le reste me regarde.
Fais-moi confiance.
Je saurai à l'heure de la moisson,
trier et engranger
ce que les hommes auront produit de bon.

5. Pas facile de faire le tri !

Il ne suffit pas d'aimer jardiner
pour posséder un beau jardin,
il faut encore apprendre à discerner
les mauvaise herbes.
Il est si facile de se tromper,
d'arracher la jeune pousse de la fleur
et de laisser en terre la plante parasite !

Il n'est pas toujours facile de trier dans notre jardin,
dans le foisonnement de nos pensées
et de nos gestes quotidiens,
de trier ce qui est bien et ce qui est mal,
ce qui est digne de l'homme et ce qui l'avilit,
ce qui fait grandir l'amour et ce qui le blesse ou le tue,
ce qui est vrai chemin vers Dieu
et ce qui ne mène nulle part !

Seigneur, Jésus,
puisque nous avons déjà tant de mal à distinguer,
dans notre propre jardin,
l'ivraie et le bon grain,
tu nous invites à ne jamais juger trop vite
les pensées, les intentions
et les actes de nos frères ;
à ne pas trop vite désespérer
devant les semences de mort,
les plantes mauvaises,
les fleurs du mal qui envahissent
le champ du monde et le jardin de notre cœur.

Seigneur,
toi, le jardinier patient
qui connais l'heure de la moisson,
dans le champ du monde,
et le jardin de notre vie,
donne-nous de cultiver,
inlassablement,
les semences de l'amour et du bien,
et de te laisser le soin
de faire le tri
pour les greniers de ton Royaume.

6. Pourquoi le mal ?

Je n'ose même plus poser la question,
que des générations de penseurs,
de sages et de philosophes

ont déjà posée en vain !
Pourquoi tant de guerres,
de crimes et de haine,
pourquoi tant de malheurs,
de larmes et d'amours brisés
sur cette terre ?

Cette terre où, pourtant,
les splendeurs de quelques matins de printemps
ont encore des reflets de première création !
Pourquoi tant de lâchetés, de mensonges
et de contradictions dans mon cœur ?
Ce cœur, pourtant, certains jours,
si assoiffé de pureté et de vérité !

Pourquoi cette complicité avec le mal
qui prend racine
et pousse au cœur de tout homme,
de toute race, de toute civilisation
et même au cœur des plus généreuses révolutions ?
Qui a jeté de l'ivraie
dans le champ de la création ?
Qui a semé de l'ivraie
dans le jardin de mon cœur ?

Pourquoi Seigneur,
laisses-tu croître ces fleurs du mal
qui étouffent si souvent les fragiles épis de l'amour
 et du bien ?
Scandale. Mystère. Enigme sans réponse !

Seigneur,
toi le Semeur des semences du Règne de l'amour,

tristement surpris par tant d'ivraies dans le champ du Père,
tu as pourtant su garder, malgré les échecs,
une confiance totale !

Accorde-moi ta filiale certitude,
que le mal sera un jour vaincu,
arraché de la terre et de mon cœur.
Et que le meilleur de l'homme et de toute la création
seront recueillis dans le Royaume de ton Père,
riche et éternelle moisson.

Parabole de la semence qui pousse toute seule

(Marc 4,26-29)

Jésus disait : « Il en est du Royaume de Dieu comme d'un homme qui jette la semence en terre : qu'il dorme ou qu'il soit debout, la nuit et le jour, la semence germe et grandit, il ne sait comment. D'elle-même la terre produit d'abord l'herbe, puis l'épi, enfin du blé plein l'épi. Et dès que le blé est mûr, on y met la faucille, car c'est le temps de la moisson. »

1. Il suffit d'aimer

Loué sois-tu, Seigneur,
toi qui es le Semeur et la Semence,
la Vie, l'Amour et leur croissance.
Ton Esprit féconde la terre, l'Eglise et notre cœur,
au rythme de nos saisons.

Tout homme qui aime,
qu'il dorme
ou veille,
parle
ou fasse silence,
travaille,
chante
ou prie,
le jour et la nuit,
cet homme prépare la Moisson.

Loué sois-tu, Seigneur,
toi, dont la Parole est Esprit et Vie,
Source de l'univers en gestation.

Tout homme qui aime,
qu'il fasse fructifier ses biens,
ou s'en désapproprie,
qu'il lutte pour la justice
ou se retire au désert
cet homme prépare la Moisson.

2. Semence imprévisible

Semence imprévisible !
Un jour, dans une petite bourgade de la Galilée,
dans le sein de la Vierge Marie étonnée,
tu as jeté la semence de ton Règne,
l'Amour créateur :
Jésus-Christ, ton Fils bien-aimé.

Semence imprévisible !
Un jour, celui de mon baptême,
dans mon cœur d'homme libéré,
tu as jeté la Semence de ton Règne :
l'Amour sauveur :
la vie de Jésus ressuscité.

Semence imprévisible !
Chaque jour, dans les profondeurs de notre
  humanité,
tu jettes la Semence de ta Vie,
l'Esprit de Jésus, ton Premier-Né.

Dans le sein de Marie étonnée,
dans mon cœur d'homme libéré,
dans les profondeurs de notre humanité,
je ne sais comment,
Jésus a germé,
ton amour a grandi
et Marie, mon cœur et la terre
ont donné leur fruit.

3. Un semis d'étoiles

O Dieu, Créateur,
Maître des espaces infinis
et du temps,
qui me dira comment,
au cours des milliards d'années-lumière,
tu as semé les galaxies et les myriades d'étoiles
dans le firmament ?

O Dieu, Créateur,
Source de la vie,
qui me dira comment,
au cœur de la danse cosmique,
du milieu des nébuleuses, a bondi notre terre,
et de ces innombrables molécules organiques
a jailli la vie au sein de l'univers ?
Qui me dira comment
tu as jeté les semences de ce foisonnement
des êtres vivants
sur la terre et dans les océans ?

O Dieu, Sauveur,
Source de la vie
et sève de l'amour au cœur de l'homme,
qui me dira comment
tu fais de notre histoire multiséculaire,
une immense germination :
dont le plus beau fruit
a mûri sur l'arbre du Calvaire ?

O Dieu, Créateur et Sauveur,
Source de la grâce,
qui me dira comment
tu façonnes le visage des saints ;
qui me dira comment,
tu sèmes, dans la matière,
les germes de ton Royaume ;
qui me dira comment,
tu sèmes au cœur de tout homme
afin qu'il devienne une gerbe d'amour
pour la grande Moisson
de la fin des temps ?

5. Au-delà de nos misères

Seigneur,
si l'accomplissement de ton Royaume
ne dépendait que de nous, les hommes,
il serait bien mal parti !

Mais au-delà de mes propres pesanteurs,
au-delà de ton Eglise et de ses lourdeurs,
au-delà même, de nos progrès techniques,
il y a la Semence de ton Royaume :
ton Esprit d'amour, Energie divine,
Souffle de vie, Source intérieure de sainteté,
qui possède sa propre puissance cachée.

Jour et nuit,
saison après saison,

de siècles en siècles, générations après générations,
dans le champ de notre terre et au cœur de nos vies,
après l'herbe vient l'épi,
et du blé plein l'épi.
D'elle-même la terre produit du fruit
et s'approche du temps de la moisson.

Seigneur,
ouvre notre terre et notre cœur,
au dynamisme secret de ta Parole et de ton Esprit.
Rends-nous disponible à leur secrète germination.
Se rendre disponible,
tel est notre simple mais difficile labeur
pour collaborer à ta Volonté d'amour
et préparer la Moisson.

Parabole du grain de sénevé

(Matthieu 13,31-32)

Jésus leur proposa une autre parabole : « Le Royaume des cieux est comparable à une graine de moutarde qu'un homme a semée dans son champ. C'est la plus petite de toutes les semences, mais, quand elle a poussé, elle dépasse les autres plantes potagères et devient un arbre, si bien que les oiseaux du ciel font leurs nids dans les branches. »

1. La semence de l'Arbre-Eglise

Quel rêve insensé, quel désir inassouvi
font de l'homme un oiseau migrateur,
sans cesse à la recherche de l'Arbre de Vie
dont les fruits se nomment,
tantôt Sciences ou Religions,
tantôt Mystiques ou Raisons ?

Seigneur Jésus,
toi qui as jeté, en notre terre,
la semence de l'Arbre-Eglise,
accorde-lui la sève vive de ton Esprit,
les fleurs et les fruits de l'amour,
de la paix, de la joie,

Accorde-lui les fleurs et les fruits du pardon,
de la justice et de la liberté
afin que tous les hommes,
riches ou pauvres,
savants ou illettrés,
aigles des cimes
ou oisillons de bosquets,
puissent venir librement s'y nicher
et y trouver des raisons de vivre et d'espérer.

2. Une petite graine de rien du tout

Petite graine de sénevé !
Petite graine du sourire,

petite graine de rien du tout
qui devient rayon de soleil
pour le vieillard ou le malade isolé.

Petite graine de la poignée de main,
petite graine de rien du tout,
qui devient bouée de sauvetage
pour le solitaire sur le point de se noyer.

Petite graine de l'oreille attentive,
petite graine de rien du tout
qui devient escale de tendresse
pour l'adolescent désemparé.

Petite graine du geste gratuit,
petite graine de rien du tout
qui devient parole de vie
pour l'homme saturé de discours.

Petite graine de communautés de frères et de sœurs,
petite graine de rien du tout
qui devient rendez-vous d'espérance
pour tous les pauvres d'un quartier

Petite graine de solidarité,
petite graine de rien du tout
qui devient source d'avenir
pour tout un peuple écrasé.

Petite graine de missionnaire
petite graine de rien du tout
qui devient Bonne Nouvelle
pour toute une culture évangélisée.

Petite graine de prière,
petite graine de rien du tout
qui devient respiration et accueil d'une Présence
pour l'homme en quête d'éternité.

Petites graines de témoins
petites graines de rien du tout
qui deviennent l'arbre de l'Eglise universelle
où tous les hommes, joyeux comme des oiseaux,
viendront se nicher pour chanter la gloire du Père.

3. Avoir les yeux du cœur !

Un homme inspiré qui accomplit quelques guérisons,
un collecteur d'impôt
qui met la clé sous le paillasson,
un financier qui distribue une partie de ses biens,
une prostituée qui pleure de joie,
une petite secte composée de paysans mal dégrossis,
regroupés autour d'un nouveau gourou en Galilée...
Seigneur,
il n'y a là rien de bien révolutionnaire !
Tout juste quelques faits divers
à peine mentionnés dans la chronique de l'histoire !

Quoi, c'était cela
les premiers pas
de ton Règne sur notre terre ?

Seigneur accorde-nous les yeux du cœur
pour apprendre à discerner, au creux du quotidien,

la lente croissance de ce Règne de l'amour que tu as
semé
et qui vient.
Donne-nous ce regard de foi qui sait « voir »,
dans les événements, petits et grands,
dans tous les gestes humains, renommés ou cachés,
le frémissement de Ta Présence agissante.

Donne-nous ce regard de foi qui sait « voir »
les discrètes émergences de ton Royaume :
l'éclat d'un sourire, la simplicité d'un accueil,
la densité d'un silence, la tendresse d'un regard,
la vérité d'un combat, la gratuité d'un partage.

Apprends-nous à voir et à nous émerveiller
de toutes ces petites graines d'espérance,
semées dans les foyers, les hôpitaux, les prisons
et même sur les champs de bataille...
Gestation secrète de la « civilisation de l'amour ».
Semences cachées d'un monde nouveau,
celui du Règne de ton Père.

Parabole du levain dans la pâte

(Matthieu 13,33-35)

Jésus leur dit une autre parabole : « Le Royaume des cieux est comparable à du levain qu'une femme enfouit dans trois mesures de farine, jusqu'à ce que toute la pâte ait levé. »

Tout cela, Jésus le dit en paraboles et il ne leur disait rien sans employer de paraboles, accomplissant ainsi la parole du prophète : « C'est en paraboles que je parlerai, je proclamerai des choses cachées depuis les origines. »

1. Les hommes-levain du monde nouveau

Béni sois-tu, Seigneur,
pour ceux qui refusent l'escalade de la vengeance,
levain du pardon.

Béni sois-tu,
pour ceux qui brisent les frontières entre les peuples,
levain de fraternité.

Béni sois-tu,
pour ceux qui refusent la fatalité des guerres,
levain de paix.

Béni sois-tu,
pour ceux qui abolissent les distances
pour aller soigner les pauvres de tous les continents,
levain de guérison.

Béni sois-tu,
pour ceux qui luttent contre toute forme d'injustice,
levain de libération.

Béni sois-tu,
pour les hommes et les femmes de prière,
levain de silencieuse adoration.

Béni sois-tu,
pour toutes les communautés chrétiennes
qui se rassemblent dans le monde entier,
levain de ton Eglise universelle.

Béni sois-tu,
pour ces hommes-levain, habités par ton Esprit,
que tu as enfouis,
aux quatre coins du monde,
au plus profond de la pâte humaine.
Ils sont, par contagion, ton Royaume d'amour
qui transfigure ta création.

2. Libère-nous du vieux levain

Ah ! ce vieux levain !

Levain de la cupidité qui détourne les meilleures intentions,
levain de l'orgueil qui gâte les plus saines ambitions,
levain du fanatisme qui pervertit toute religion,
levain de l'égoïsme qui blesse tous nos amours,

Levain de la jalousie qui perturbe nos relations,
levain du racisme qui refuse la différence,
levain du mal sous toutes ses formes
qui corrompt les structures sociales, les cultures !

Libère-nous, Seigneur de ce vieux levain
qui dénature toute la pâte humaine !

Viens, Seigneur, toi le nouveau levain
qui élève de l'intérieur
tout homme, toute pensée, toute action,
tout sentiment, toute culture et toute religion.

Donne-nous le levain de ton Esprit,
levain de l'amour et de la vérité
qui soulève l'homme et toute la pâte de notre humanité.

Béni sois-tu, Seigneur pour ton incarnation,
ta vie cachée à Nazareth,
enfouissement dans l'humilité du quotidien
qui élève l'homme au rang de fils de Dieu.

Béni sois-tu, Seigneur, pour ta prédication,
sur les routes de Palestine,
qui élève nos paroles et nos gestes humains
pour en faire des signes de Dieu.

Béni sois-tu, Seigneur, pour ta mort au Golgotha,
enfouissement du grain de blé jeté en terre
qui élève notre mort
et la transforme en chemin de vie.

Béni sois-tu, Seigneur, pour ta glorieuse résurrection
qui souleva toute la terre jusqu'au Royaume du Père.

Béni sois-tu, Seigneur, toi le levain de tout l'univers.

CHAPITRE 4

Le Royaume de l'amour : le seul trésor impérissable de l'homme

Paraboles du trésor caché et de la perle précieuse

(Matthieu 13,44-46)

Jésus disait à la foule ces paraboles : « Le Royaume des cieux est semblable à un trésor caché dans un champ ; l'homme qui l'a découvert le cache à nouveau. Dans sa joie, il va vendre tout ce qu'il possède et il achète ce champ. »

Ou encore : « Le Royaume des cieux est comparable à un négociant qui recherche des perles fines. Ayant trouvé une perle de grande valeur, il va vendre tout ce qu'il possède, et achète la perle. »

1. La perle de l'amour

Seigneur,
comme elle doit être belle
cette perle précieuse dont tu nous parles,
cette perle du Royaume
cette perle de l'amour,
pour que l'homme qui la trouve,
vende tout, avec joie, pour la posséder !

Seigneur,
séduis-moi par la beauté de ton Amour
et la richesse de tes dons !
Afin que tous les autres biens terrestres
ne soient ni rejetés ni méprisés,
mais simplement relativisés,
remis à leur juste place, estimés à leur juste prix.

Seigneur,
si, comme tu nous le dis sans cesse,
seul l'amour humanise l'homme,
seul l'amour personnalise l'homme,
seul l'amour divinise l'homme,
donne-nous la joie de trouver
  ce trésor de Ton amour
que ni le temps ni les mites ne peuvent attaquer,
que ni les voleurs ni les épreuves ne peuvent ravir.

Seigneur,
à tant d'hommes et de femmes déçus,
blessés, blasés, trompés,
revenus de tout,

qui cachent souvent leur blessure
sous un masque de cynisme ou d'indifférence,
révèle ce trésor inestimable :
celui de se savoir aimé de Toi,
maintenant,
infiniment,
et pour l'éternité.

2. Nous restons des enfants

Nous restons tous des enfants,
fascinés par quelque « course au trésor » !
A chaque âge de la vie,
ce trésor prend un visage différent :
celui du rêve, de la réussite à un examen,
celui d'une carrière, d'un avancement,
celui de la chance, celui de la notoriété,
celui d'un être dont on est amoureux fou...
Nous courons tous après un trésor,
nous cherchons tous des raisons de vivre
et d'espérer.

Nous restons tous des enfants
qui rêvent toujours d'une île au trésor !
Trésor de la fortune. Trésor de la santé.
Trésor de la gloire. Trésor de l'amitié.
Mille et une facettes d'une perle précieuse :
la perle du bonheur.

Mais ce rêve d'un bonheur sans déclin,
ce Désir insatiable d'être heureux,
n'est-ce pas Toi, Seigneur,
qui l'a déposé dans notre cœur ?

O Esprit Saint,
boussole invisible de nos voyages intérieurs,
guide-nous sur l'océan de nos désirs,
vers le seul Trésor pour lequel nous avons été créés :
la plénitude de la vie de Dieu.

O Esprit Saint,
purifie nos désirs de trésors de pacotille,
désencombre nos chemins,
unifie notre pauvre vie si souvent éparpillée
dans cette recherche éperdue de la Perle de l'Amour.

O Esprit Saint,
guide notre course au trésor,
trésor à la fois si proche et pourtant caché.
Simplifie-nous. Allège-nous.
Accorde-nous le silence de la prière
puisque c'est dans le sanctuaire de notre cœur
qu'il nous faut creuser
pour trouver la perle de l'amour.

3. J'ai écouté le silence qui m'a dit Dieu

J'ai scruté les espaces infinis,
traqué la naissance des étoiles

et sondé la ronde des galaxies,
mais je n'ai pas trouvé Dieu,
dit l'astrophysicien.

J'ai observé les méandres du cerveau,
disséqué le cœur, les reins
et tous les organes humains,
mais je n'ai pas trouvé Dieu,
dit le chirurgien.

J'ai lu les œuvres des plus grands penseurs,
ceux d'Orient et d'Occident,
ceux d'hier et ceux d'aujourd'hui,
mais je n'ai pas trouvé Dieu,
dit le philosophe.

J'ai parcouru les mers,
visité tous les continents,
mais je n'ai pas trouvé Dieu,
dit l'aventurier.

J'ai consulté je ne sais combien
de cartomanciennes, d'astrologues et de devins
mais je n'ai pas trouvé Dieu,
dit l 'homme inquiet de son destin.

J 'ai creusé, creusé,
dans le champ de mon cœur
et au plus profond de ce sanctuaire intérieur,
j'ai écouté le silence
qui m'a dit Dieu,
dit le pauvre,
riche de ce trésor caché
que personne n'avait trouvé.

4. Trouver la perle précieuse

Seigneur,
ton Royaume n'est pas un rêve projeté sur l'avenir,
un ciel lointain, un paradis imaginaire.
Le Royaume que tu annonces est un événement qui arrive,
maintenant.
Celui de l'Avènement d'un monde en gestation,
en permanente création,
où tu attends notre collaboration.
Mystérieux Evénement dynamique
qui épouse les contours de notre histoire
et la transcende tout à la fois !

Aujourd'hui, Seigneur,
fais-moi la grâce de Te rencontrer,
Toi, le Vivant qui est la respiration profonde de ma vie,
Toi, le Feu qui brûle au cœur du monde ;
et de vivre cette Rencontre,
comme la découverte d'un trésor imprévu,
d'une perle précieuse inattendue.

Saisi par cette divine surprise :
qui ouvre une nouvelle dimension
à ma vie et au temps,
donne-moi la joie de discerner
le relatif et l'Essentiel
de t'accueillir toi, l'Unique Nécessaire.

Accorde-moi ce trésor de la conversion
qui engage ma vie dans une nouvelle direction.

Fais-moi la grâce du trésor de la foi
ce nouveau regard du cœur
qui voit autrement les biens de la terre,
le présent et le futur,
les hommes et les événements de notre histoire.

Découvre-moi le vrai sens et la finalité
de toutes nos humaines réalités :
la naissance, l'amour, l'amitié, le corps,
le travail, la souffrance et la mort.

5. Où est ton trésor ?

Exténué, je suis là,
comme un pantin désarticulé,
devant l'icône du Christ
posée sur le bord de ma table.
La tête vide,
je n'ai aucune envie de dire quoi que ce soit.

Simplement, je viens m'assoupir un peu,
près de Lui,
comme un enfant épuisé,
vient se blottir contre l'épaule de sa mère.
Son visage pacifié m'apaise,
mes yeux croisent en silence
la lumière de son regard,
où se mêlent beaucoup de tendresse
et un peu de malice.

Eh bien, on peut dire qu'aujourd'hui encore,
tu as couru dans tous les sens !
Mais, permets-moi de te poser une petite question,
disons, une question annexe !
Finalement,
qu'est-ce qui est le plus important dans ta vie,
quel est le trésor de ton cœur,
celui pour lequel tu serais prêt
à perdre tout le reste ?

Crois-tu, vraiment,
que je suis ton seul Bonheur
que ni le temps ni la mort ne pourront t'enlever,
ta seule Joie
que rien ni personne ne pourront te ravir,
ta seule Paix
que nulle inquiétude ne pourra entamer,
ta seule Richesse
que tu puisses posséder, dès aujourd'hui,
et garder pour l'éternité ?

Mais enfin, Seigneur,
pourquoi me demandes-tu cela, aujourd'hui ?

Pour rien, comme ça !

Parabole du Filet

(Matthieu 13,47-52)

Le Royaume des cieux est encore comparable à un filet qu'on jette dans la mer et qui ramène toutes sortes de poissons. Quand il est plein, on le tire sur le rivage, on s'assied, on ramasse dans les paniers ce qui est bon et on rejette ce qui ne vaut rien. Ainsi en sera-t-il à la fin du monde : les anges viendront séparer les méchants des justes et les jetteront dans la fournaise : là seront les pleurs et les grincements de dents.

Avez-vous compris tout cela ? « Oui », répondent-ils. Jésus ajouta : « C'est ainsi que tout scribe devenu disciple du Royaume des cieux est comparable à un maître de maison qui tire de son trésor du neuf et de l'ancien. »

1. Savoir tirer du neuf de l'ancien

Tout scribe devenu disciple du Royaume des cieux,
dit Jésus,
est comparable à un maître de maison
qui tire de son trésor du neuf et de l'ancien !

O Esprit Saint,
jeunesse éternelle du monde,
inspire à l'humanité de tirer des richesses de son histoire,
la sagesse nécessaire pour inventer l'avenir.

O Esprit Saint,
jeunesse éternelle du Peuple de Dieu,
inspire à l'Eglise de tirer de ses vénérables traditions,
l'audace de donner un nouveau visage
à la Bonne Nouvelle du Christ.

O Esprit Saint,
jeunesse éternelle de l'homme,
inspire à chacun de nous de tirer de son expérience passée,
le courage de recommencer chaque matin,
à préparer le Règne de l'Amour qui vient.

2. Tu ramasses de drôles de poissons !

Seigneur,
d'accord, c'est Toi le patron de la pêche !

Mais à force de jeter tes filets n'importe où,
dans les eaux marécageuses,
dans les eaux stagnantes ou polluées,
et les bas-fonds remplis d'épaves,
j'ai bien l'impression
que Tu vas ramasser de drôles de poissons !

Seigneur,
ton Eglise ratisse trop large,
elle ramène n'importe quoi dans tes filets :
extrémistes de tous bords,
révolutionnaires, illuminés,
sortis de prison, prostituées,
drogués...
J'ai bien l'impression
que Tu vas ramasser de drôles de poissons !

Ne te préoccupe pas du contenu de mes filets.
Je t'ai fait pêcheur d'hommes.
Sillonne toutes les mers du monde,
ne crains ni les eaux profondes ni les eaux troubles,
partout jette les filets de ma Parole.
Ne dis jamais : ici je n'ai jamais rien pris,
ou : là les poissons sont mauvais ou trop petits !

Jette les filets de l'amour,
largement, inlassablement.
Le tri, c'est moi qui le ferai
quand je rassemblerai filets et paniers
sur le rivage de l'éternité.

CHAPITRE 5

Le Royaume de l'amour : un don offert à tous les hommes

Parabole des ouvriers de la onzième heure

(Matthieu 20,1-16)

Jésus disait cette parabole : « Le Royaume des cieux est comparable au maître d'un domaine qui sortit au petit jour afin d'embaucher des ouvriers pour sa vigne. Il s'entendit avec eux sur un salaire d'une pièce d'argent pour la journée et il les envoya à sa vigne. Sorti vers neuf heures, il en vit d'autres qui étaient là, sur place, sans travail. Il leur dit : "Allez, vous aussi à ma vigne, et je vous donnerai ce qui est juste." Ils y allèrent. Il sortit de nouveau vers midi, puis vers trois heures, et fit de même.

Vers cinq heures, il sortit encore, en trouva d'autres qui étaient là et leur dit : "Pourquoi êtes-vous restés là, toute la journée, sans rien faire ?" Ils lui répondirent : "Parce que personne ne nous a embauchés." Il leur dit : "Allez vous aussi à ma vigne."

Le soir venu, le maître de la vigne dit à son intendant : "Appelle les ouvriers et distribue le salaire, en commençant par les derniers pour finir par les premiers." Ceux qui n'avaient commencé qu'à cinq heures s'avancèrent et reçurent chacun une pièce d'argent.

Quand vint le tour des premiers, ils pensaient recevoir davantage, mais ils reçurent, eux aussi, chacun une pièce d'argent. En la recevant, ils étaient révoltés contre le maître du domaine : "Ces derniers venus n'ont fait qu'une heure, et tu les traites comme nous, qui avons enduré le poids du jour et de la chaleur !" Mais le maître répondit à l'un d'entre eux : "Mon ami, je ne te fais aucun tort. N'as-tu pas été d'accord avec moi pour une pièce d'argent ? Prends ce qui te revient et va-t-en. Je veux donner à ce dernier autant qu'à toi : n'ai-je pas le droit de faire ce que je veux de mon bien ? Est-ce que ton regard est mauvais parce que je suis bon ?" Ainsi les derniers seront les premiers, et les premiers seront derniers. »

1. Ce n'est pas juste !

Ah ! non, Seigneur, il y a quelque chose qui ne va pas !
Ainsi, j'aurai lutté toute ma vie durant,
pour être en règle avec tous tes commandements
et ceux de l'Eglise en supplément,
pour me retrouver sur le même pied d'égalité
que mon voisin de palier ;
ce noceur, ce débauché que je ne connais que trop bien,
rentrant ivre-mort, chaque nuit, à deux heures du matin !
Il lui aura suffi, quelques jours avant son dernier hoquet,
d'héberger chez lui un pauvre type, un étranger !...

Non, je ne peux pas croire
que Toi, le Père de toute justice,
tu puisses distribuer arbitrairement à chacun
ce qui, de droit, lui revient !

Mon enfant, pourquoi te scandaliser,
en quoi t'ai-je lésé ?
Mon Alliance est gratuite,
l'entrée de mon Royaume n'est jamais scellée ;
pour en ouvrir la porte, il suffit d'aimer
et il n'est jamais trop tard
pour commencer à aimer !

La récompense n'est pas à la mesure de tes mérites,
mais à celle de mon infinie libéralité.
Pourquoi serais-je injuste parce que je suis bon ?

En accueillant ton frère,
à la dernière heure,
ai-je manqué à ma promesse
de la première heure ?

Pourquoi serais-tu jaloux
parce que je suis bon,
et pourquoi veux-tu réduire mon dessein divin
à tes critères si étroitement humains ?

2. L'amour embauche à tout âge

Dès l'aube de l'enfance,
au matin de l'adolescence,
en plein midi de la maturité,
dans le jour déclinant de la vieillesse,
au soleil couchant du crépuscule de la vie,
Seigneur,
tu passes, sans cesse,
aux carrefours de notre vie.

Tu embauches, inlassablement,
à tout âge et en tout temps,
car il n'est jamais trop tard pour se décider à aimer,
et ainsi hâter la venue de ton Royaume sur notre terre.
Et le seul salaire de l'amour est ton Amour,
plénier, unique, indivisible et gratuit.

Seigneur,
l'amour fidèle qui persévère, de longues et patientes
années,
en dépit des épreuves du temps,
aussi bien que l'amour qui brûle seulement quelques
instants, intensément,
ne s'ouvrent-ils pas l'un comme l'autre à ton
Eternité ?

Seigneur,
fais-nous comprendre
que l'amour vrai ne calcule pas son temps,
que l'amour vrai n'est pas jaloux.
Car aimer vraiment,
n'est-ce pas désirer passionnément,
que tout homme, en aimant,
puisse s'ouvrir à la plénitude
de ton propre Amour,
éternel et gratuit ?

3. Depuis l'aube de l'humanité

Depuis l'aube de l'humanité,
tu n'en finis pas, Seigneur,
d'inviter tous les hommes
à collaborer sur le chantier de ta création.
Chaque civilisation a son heure
pour accomplir une étape de l'histoire.
Tu poursuis, inlassablement,
ce dialogue multiséculaire
avec tous les peuples de la terre.

Tu as choisi, gracieusement, le peuple d'Israël
pour lui révéler la profondeur
et l'universalité de ton Appel.
Tu fis Alliance avec Abraham, Moïse,
ouvriers de la première heure.
Tu as appelé les prophètes,
ouvriers embauchés au fil des siècles.
Enfin, en cette dernière heure de l'Histoire du Salut,
tu envoyas ton Fils Jésus.

Il est venu et il vient aujourd'hui encore.
Par lui, tu ne cesses d'embaucher,
Pierre et Jacques, Jean et Paul,
François et Dominique, Thérèse et tant d'autres inconnus.
A toutes les heures des derniers temps,
tu invites tout homme, inlassablement,
à collaborer à ta vigne.

Et l'unique salaire qui revient à chacun
sera d'avoir part pour toujours
à la plénitude de ton Règne d'amour.

4. L'Appel de ton Amour vient de loin

Dès le premier matin de la création,
dès l'aurore de l'éclatement de la vie,
dès l'aube de la longue histoire de l'homme en gestation,
ton Amour, ô Seigneur, est un Appel gratuit.

L'Appel de ton Amour vient de loin, de très loin.
Il a traversé la chair, le sang et le cœur,
et l'itinérance d'un peuple pèlerin,
poussé par ton Esprit, infatigable marcheur.

L'Appel de ton amour vient de loin, de très loin.
Il a traversé les rêves de mon enfance,
les sentiers imprévus, les croisées des chemins
de mon aventureuse adolescence.

Il a traversé les carrefours de ma vie,
mes tristes désillusions et mes lâchetés,
mes idoles d'argile, mes peurs, mes conflits
et les lents tâtonnements de ma liberté.

L'appel de ton amour vient de loin, de très loin.
Il a traversé tant de témoins rencontrés,
tant de visages amis, proches et lointains,
Jean et Philippe, Nathanaël et André.

L'appel de ton amour vient de loin, de très loin.
Jean-Baptiste fixa les yeux sur Jésus qui passait
sur les vertes rives du Jourdain
et dit aux disciples qui l'écoutaient : « C'est lui ! »

L'appel de ton Amour vient de loin, de très loin.
Jésus regarda Pierre et lui dit : « Voici Pierre ! »
Ton Appel, depuis ce jour, a pris visage humain
pour embaucher tout homme sur notre terre.

Ton Amour est un éternel Appel
adressé à tout homme
qui cherche le Règne de l'amour.

Parabole du Festin des Noces

(Matthieu 22,1-14)

Jésus disait en paraboles : « Le Royaume des cieux est semblable à un roi qui célébrait les noces de son fils. Il envoya ses serviteurs pour appeler à la noce les invités, mais ceux-ci ne voulaient pas venir. Il envoya encore d'autres serviteurs dire aux invités : "Voilà : mon repas est prêt, mes bœufs et mes bêtes grasses sont égorgés ; tout est prêt : venez au repas de noce." Mais ils n'en tinrent aucun compte et s'en allèrent, l'un à son champ, l'autre à son commerce ; les autres empoignèrent les serviteurs, les maltraitèrent et les tuèrent. Le roi se mit en colère, il leur envoya ses troupes, fit périr les meurtriers et brûla leur ville.

Alors il dit à ses serviteurs : "Le repas de noce est prêt, mais les invités n'en étaient pas dignes. Allez donc aux croisées des chemins : tous ceux que vous rencontrez, invitez-les au repas de noce." Les serviteurs allèrent sur les chemins, rassemblèrent tous ceux qu'ils rencontrèrent, les mauvais comme les bons, et la salle de noce fut remplie de convives.

Le roi entra pour voir les convives. Il vit un homme qui ne portait pas le vêtement de noce, et lui dit : "Mon ami, comment es-tu entré ici, sans avoir le vêtement de noce ?" L'autre garda le silence. Alors le roi dit aux serviteurs : "Jetez-le, pieds et poings liés, dehors dans les ténèbres ; là, il y aura des pleurs et des grincements de dents." Certes la multitude des hommes est appelée, mais les élus sont peu nombreux. »

1. Les noces de Dieu

Arrêtez-vous un instant !
Ecoutez !
Venez maintenant, tout est prêt !
L'Amour a inventé un grand banquet.
Sa Table est prête pour la fête
de la gratuité.

Trains de banlieues. Rames de métros.
Sirènes des usines. Ouvertures des bureaux.
Foules anonymes. Des robots. Des numéros...

Arrêtez ! Ecoutez un instant !
Venez maintenant, tout est prêt !
L'Amour a inventé...
Assez ! Tu vois bien que nous sommes occupés !
Une nouvelle voiture à roder,
une famille à entretenir,
un appartement à déménager,
des rendements à maintenir,
un magasin à faire tourner,
des échéances à tenir,
une entreprise à gérer...
Arrêtez ! Ecoutez un instant.
L'Amour a inventé..
Assez ! Tu vois bien que nous sommes occupés !

Seigneur, j'ai bien l'impression
que ta Fête tourne au fiasco !
Il n'y a personne dans ta Maison !
Ton invitation ne suscite aucun écho !
L'amour s'est refroidi !
Ton pain est déjà rassis !

Laisse donc tous ces repus
se repaître de leur suffisance,
laisse donc tous ces ventrus
assoupis dans l'abondance.
Va, sur les chemins, au hasard,
invite les clochards, les traînards,
les béquillards, les pochards,
les jobards, les fripouillards.
Tous ceux que tu rencontreras,
à l'écart,
et qui n'ont plus rien et qui ont encore faim.
Bienheureux tous ces hommes
qui prendront part à mon Royaume !

2. Petite litanie pour un Festin de noces

Seigneur, Jésus,
toi, le Fils en l'honneur de qui
le Père célèbre le Repas de noce,
toi, l'Alliance faite chair,
toi, la salle du banquet,
toi, la chambre des noces,
toi, la table ouverte à tous,
ouvre mon cœur à ton invitation
au Festin de l'amour

Seigneur, Jésus,
toi, le pain de vie,
toi, la boisson de l'immortalité,
toi, la lampe, le vêtement

et la couronne des invités,
toi, la joie des convives, le repos
et la convivialité du banquet,
toi, les biens, la gloire
et la béatitude du Royaume,
ouvre mon cœur à ton invitation
aux fêtes de l'Amour

Seigneur, Jésus,
toi, le chemin de la maison du Père,
toi, le Serviteur envoyé pour inviter tous les hommes,
toi, la Terre Promise,
toi, le Royaume de Dieu,
toi, la Table des sacrements de la vie,
toi, la Table du partage avec les pauvres,
ouvre mon cœur à ton amoureuse invitation
à la plénitude de ta Vie.

Parabole des deux fils

(Matthieu 21,28-32)

Jésus disait aux chefs des prêtres et aux anciens : « Que pensez-vous de ceci ? Un homme avait deux fils. Il vint trouver le premier et lui dit : "Mon enfant, va travailler aujourd'hui à ma vigne." Il répondit : "Je ne veux pas." Mais ensuite, s'étant repenti, il y alla. Abordant le second, le père lui dit la même chose. Celui-ci répondit : "Oui, Seigneur !" et il n'y alla pas. Lequel des deux a fait la volonté du Père ? » Ils lui répondirent : « Le premier. »

Jésus leur dit : « Vraiment, je vous le déclare : les publicains et les prostituées vous précèdent dans le Royaume de Dieu. Car Jean est venu à vous, vivant selon la justice, et vous n'avez pas cru à sa parole, tandis que les publicains et les prostituées y ont cru. Mais vous, même après avoir vu cela, vous ne vous êtes pas repentis pour croire à sa parole. »

1. Il ne sufit pas de dire « oui » !

Seigneur,
Jean-Baptiste, ce cantonnier des routes humaines,
n'en finit pas de nous inviter
à combler les ornières de nos lâchetés,
à niveler les montagnes de nos égoïsmes,
à bousculer nos vieilles habitudes
pour préparer tes imprévisibles passages.

Hier, dans le désert de Judée,
aujourd'hui, dans le désert de nos villes,
dans les colonnes de nos journaux, sur nos écrans de télé,
ce Prophète aux mille visages
crie l'urgence de notre conversion.

Conversion à ta Justice, à ton dessein d'amour,
conversion à la fraternité et à la solidarité,
conversion au pardon et à la paix.
Conversion à l'urgence de changer l'orientation de notre vie !

Seigneur,
toi, dont l'Appel à la conversion
accomplit et dépasse la Loi,
fais-nous comprendre qu'obéir à ta Volonté
ce n'est pas, du bout des lèvres, te « dire » oui,
mais « faire », de tout notre cœur, ce que tu dis.

Mais combien de fois nous, les « justes »,
qui respectons scrupuleusement

tous les commandements de Dieu et de l'Eglise,
nous nous dérobons à ton Appel imprévisible
qui bouscule rites et prescriptions
de notre religion trop bien programmée,
tandis que les exclus des cadres institutionnels
marginalisés, divorcés, homosexuels,
désignés comme « pécheurs » publics,
se laissent encore toucher par la gratuité de ton
Amour
et se convertissent.

Seigneur,
donne-nous assez de foi pour croire
que, désormais, obéir à la volonté de Dieu
c'est écouter ta Parole
et y conformer toute notre vie.

2. Allez travailler à ma Vigne !

Seigneur,
chaque matin, tu nous redis :
« *Allez travailler à ma Vigne !* »
Mais tes paroles,
nous les avons tellement bien apprivoisées !
Cent fois entendues,
elles ne sont plus
qu'un fond sonore familier
qui berce, chaque dimanche, nos assemblées.

Nous y répondons bien pourtant,
un peu machinalement :
« Amen ! Oui Seigneur ! »
Puis nous retournons,
tranquillement,
vaquer à nos affaires habituelles.

Nous avons civilisé les violences de Ton Evangile
pour ne plus l'entendre qu'avec des mots feutrés
et des formules bien policées.
Nous avons tamisé ses lumières trop crues
à travers le prisme de nos conceptions de l'ordre,
de l'Eglise et de la société.
Ton Evangile ne nous dérange plus !

Seigneur,
nous n'apprécions guère
tous ceux qui se réclament de Toi,
hors de nos frontières,
tous ces révolutionnaires
qui n'ont à la bouche que le mot révolution,
confondent parfois Salut et Libération,
mais qui se laissent encore bouleverser, bousculer,
par le cri des opprimés !...

Oui, en vérité, je vous le déclare :
bien des publicains et des prostituées,
des guérilleros et des révoltés jetés en prison
risquent de vous précéder dans mon Royaume
parce qu'ils ont beaucoup aimé !

Parabole du Bon Pasteur

(Jean 10,11-18)

Jésus disait aux Juifs : « Je suis le bon pasteur. Le vrai berger donne sa vie pour ses brebis. Le berger mercenaire, lui, n'est pas le pasteur, car les brebis ne lui appartiennent pas : s'il voit venir le loup, il abandonne les brebis et s'enfuit ; le loup s'en empare et les disperse. Ce berger n'est qu'un mercenaire, et les brebis ne comptent pas vraiment pour lui. Moi, je suis le bon pasteur ; je connais mes brebis, et mes brebis me connaissent, comme le Père me connaît, et que je connais le Père ; et je donne ma vie pour mes brebis.

J'ai encore d'autres brebis, qui ne sont pas de cette bergerie : celles-là aussi, il faut que je les conduise. Elles écouteront ma voix : il y aura un seul troupeau et un seul pasteur. Le Père m'aime parce que je donne ma vie, pour la reprendre ensuite. Personne n'a pu me l'enlever : je la donne de moi-même. J'ai le pouvoir de la donner, et de la reprendre : voilà le commandement que j'ai reçu de mon Père. »

1. Qui est cet homme ?

Qui est cet homme, venu de loin,
qui enjambe nos montagnes et nos vallées,
nos plaines et nos forêts,
notre présent et notre passé.
Qui est cet homme, venu de loin,
dont le pas est lent comme celui d'un berger
et qui tient une houlette en forme de croix ?

Qui est cet homme, venu de loin,
qui cherche à rassembler son troupeau dispersé
et dont le visage s'illumine de joie
quand il porte sur ses épaules ou dans ses bras,
un bout de l'humanité
qu'un pillard lui avait volé ?

Qui est cet homme, venu de loin,
dont le cœur est une porte ouverte en plein vent,
mais si étroite,
que pour y passer il faut être un enfant ?

Qui est cet homme, venu de loin,
dont les pieds et les mains sont usés jusqu'au sang
et qui, au carrefour des chemins, de l'espace
  et du temps,
dresse des croix
afin que son troupeau en le suivant
ne se perde pas ?

Qui est cet homme, venu de loin,
qui appelle, en passant,

une poignée de pêcheurs et de paysans,
pour les initier au même métier que lui :
au choix des bons pâturages et au soin des brebis,
celles qui sont malades ou blessées,
et transmettre à chaque nouveau berger
cette même houlette en forme de croix ?

Qui est cet homme, venu de loin,
qui rassemble ses brebis dispersées,
aux quatre coins de leurs rêves,
perdues dans les brouillards et les ténèbres,
pour les conduire sur de verts pâturages,
sur une montagne inondée de lumière ?

Qui est cet homme, venu de loin,
qui m'a fasciné sur le chemin ?

CHAPITRE 6

Le royaume de l'amour : une responsabilité confiée à l'homme qui doit en porter les fruits

Parabole des vignerons homicides

(Matthieu 21,33-43)

Jésus disait aux chefs des prêtres et aux pharisiens : « Ecoutez cette parabole : Un homme était propriétaire d'un domaine ; il y planta une vigne, l'entoura d'une clôture, creusa un pressoir et bâtit une tour. Puis il la loua à des vignerons et partit en voyage. Quand arriva le moment de la vendange, il envoya ses serviteurs auprès des vignerons pour se faire remettre le produit de la vigne. Mais les vignerons se saisirent des serviteurs, frappèrent l'un, tuèrent l'autre, lapidèrent le troisième. De nouveau, le propriétaire envoya d'autres serviteurs plus nombreux que les premiers ; mais ils furent traités de la même façon.

Finalement, il leur envoya son fils, en se disant : "Ils respecteront mon fils." Mais voyant le fils, les vignerons se dirent ente eux : "Voici l'héritier : allons-y ! tuons-le, noua aurons l'héritage !" Ils se saisirent de lui, le jetèrent hors de la vigne et le tuèrent.

Eh bien ! quand le maître de la vigne viendra, que fera-t-il de ces vignerons ? » On lui répond : « Ces misérables, il les fera périr misérablement. Il louera la vigne à d'autres vignerons qui remettront le produit en temps voulu. » Jésus leur dit : « N'avez-vous jamais lu dans les Ecritures : "La pierre qu'ont rejetée les bâtisseurs est devenue la pierre angulaire. C'est là l'œuvre du Seigneur, merveille à nos yeux !" Aussi, je vous le dis : Le Royaume de Dieu vous sera enlevé pour être donné à un peuple qui lui fera produire du fruit. »

1. De quel droit ?

Il a marché sur mes plates-bandes
et je l'ai renvoyé.
De quel droit a-t-il osé pénétrer
dans ma propriété ?
Quoi, c'était un de tes envoyés,
venu cueillir quelques fruits
de ce que tu m'avais confié ?
Mais il fallait le dire Seigneur,
je ne pouvais pas le deviner !

Il m'a tendu la main
pour un morceau de pain
et je suis passé rapidement sans m'arrêter ;
quelle idée d'encombrer mon chemin
alors que j'avais tant à faire ce matin ?
Quoi, c'était un de tes envoyés,
venu cueillir quelques fruits
de ce que tu m'avais confié ?

Il est venu me dire que son peuple
mourait de faim
et j'ai poursuivi
mon train de vie ;
s'il fallait sans cesse écouter
tous les importuns
avec leurs histoires de pays lointains
qui ne me regardent en rien !
Quoi, c'était un de tes envoyés,
venu cueillir quelques fruits
de ce que tu m'avais confié ?

Veuve et retraitée,
elle était sur le seuil de sa porte
et m'a invité à bavarder, quelques instants,
dans sa maison,
mais je n'avais pas le temps de faire salon !
Quoi, c'était un de tes envoyés,
venu cueillir quelques fruits
  de ce que tu m'avais confié ?

Mais il fallait le dire Seigneur
je ne pouvais pas le deviner !

2. Qu'avez-vous fait de cette terre ?

O Christ, Jésus,
Toi, le Fils unique de Dieu,
Toi, l'Héritier de toute la création,
pardonne-moi,
de t'avoir si souvent jeté hors de ma vie !

Ton Père avait préparé avec tendresse
la vigne de mon cœur,
il l'avait retournée, ensemencée,
  plantée et entretenue.
Dès le jour de mon baptême,
il l'avait arrosée avec l'Eau vive de l'Esprit,
il y avait semé des semences d'amour, de pardon, de
  vérité
et j'ai tout piétiné.

O Christ, Jésus,
Toi, l'Héritier de toute la création,
pardonne-moi
d'avoir si souvent jeté hors de ma vie
les serviteurs que tu m'as envoyés,
prophètes anonymes, témoins imprévus,
pauvres silencieux ;
je ne les ai ni tués ni maltraités,
mais je les ai tout simplement ignorés,
ce qui est une autre manière de les empêcher d'exister.

O Christ, Jésus,
tu es venu si souvent
visiter la vigne de mon cœur :
murmures de l'Esprit, sacrements,
passages discrets
dans le silence d'une prière ;
et si souvent je t'ai jeté dehors,
après t'avoir écouté
et même mangé en ta compagnie !
Combien de fois j'ai désiré
être le seul propriétaire
de la vigne que tu m'avais confiée,
être le seul maître de ma vie !

3. Les prophètes de l'Héritier

Seigneur,
l'histoire ne serait-elle
qu'un perpétuel recommencement,

une mauvaise tragi-comédie sans cesse rejouée ?
Ta vigne,
cette terre que Tu nous as confiée,
ta vigne,
cette intelligence, ce cœur, cette liberté que tu nous as légués,
nous continuons à nous les approprier sans vergogne ;
et pour mieux accaparer l'héritage,
nous décidons d'ignorer ton Fils, l'Héritier,
nous le reléguons dans les oubliettes de l'histoire.

Dieu est mort !
Vive l'homme, seul propriétaire des biens de cette terre !
Vive l'homme, seul maître de son destin et de l'histoire !

Que viennent tes envoyés pour y recueillir
les fruits de ton amour,
prophètes du partage, de la justice et de la paix,
et les voilà roués de coups, jetés en prison,
exilés ou tués.
Jérémie est lapidé, Isaïe coupé en morceaux,
Mgr Romero est assassiné,
le père Popieluszko défiguré et noyé,
le père Jarland criblé de balles...

O Christ, toujours rejeté,
méprisé, crucifié,
donne-nous l'intelligence spirituelle
de ce scandale de la croix,
de ce refus obstiné des hommes
à collaborer à ta vigne ;

fais-nous découvrir
que toute pierre rejetée,
devient une pierre angulaire
de notre humanité rachetée.

O Christ pascal
toi, l'Héritier des cieux nouveaux
et de la terre nouvelle,
accorde-nous d'entrevoir,
à travers les épreuves des serviteurs,
et la mort des prophètes que Tu ne cesses d'envoyer,
ton Œuvre, celle de Dieu,
cette Merveille encore cachée à nos yeux !

4. A qui appartient cette terre ?

O Seigneur !
que Ton règne d'amour vienne !
Qu'advienne cette Terre nouvelle
qui n'appartiendra plus
ni aux riches propriétaires ni aux multinationales,
mais à Ton Peuple,
au sein duquel, juifs et païens
formeront l'unique Eglise universelle
de Jésus-Christ.

O Seigneur !
guide et fortifie ton Eglise,
héritière des Promesses.
Délivre-la de la terrible tentation

de se croire, elle aussi,
propriétaire de ton Alliance,
de tes dons et de ton Royaume.
Fais de chacun de nous
un humble serviteur de ta Vigne,
sachant utiliser le temps que tu lui accordes
pour y faire fructifer les fruits de Ta Bonne Nouvelle.

Malheur à moi,
si un jour, je me crois, à mon tour,
propriétaire de tes dons,
et que je maltraite ou méprise
les pauvres et les affamés
que tu envoies pour cueillir,
chez moi et dans ma communauté,
les fruits de la justice et de l'amour,
estimant qu'ils ne sont pas dûment mandatés
pour récolter ce que je crois posséder !

Paraboles de la lampe et de la mesure

(Marc 4,21-25)

Jésus leur disait : « Est-ce que la lampe arrive pour être mise sous le boisseau ou sous le lit ? N'est-ce pas pour être mise sur son support ? Car il n'y a rien de secret qui ne doive être mis au jour, et rien n'a été caché qui ne doive venir au grand jour. Si quelqu'un a des oreilles qu'il entende ! » Il leur disait : « Faites attention à ce que vous entendez. C'est la mesure dont vous vous servez qui servira de mesure pour vous et il vous sera donné plus encore. Car à celui qui a, il sera donné plus encore ; et à celui qui n'a pas, même ce qu'il a lui sera retiré. »

1. Vraies et fausses lumières

Lumière de néons des supermarchés,
lumière de paillettes des variétés télévisées,
lumière des spots publicitaires,
lumière de l'or dans les vitrines des bijoutiers,
lumière des restaurants et des bars,
lumière artificielle, lumière clignotante,
lumière agressive, lumière aveuglante,
lumière criarde, lumière blafarde,
étranges lumières du monde
qui épaississent les ténèbres
dans le cœur de l'homme !

Comment pourrions-nous encore tenir cachée
cette Lumière qui, un jour, s'est levée,
à Bethléem, au mont Thabor et à l'aube de Pâques,
n'illuminant que des pauvres, des bergers
et quelques pêcheurs de Galilée ?

Etre chrétien, est-ce autre chose que de croire
que le Christ est la vraie Lumière,
apparue dans ce monde afin que tout homme
ne marche plus dans les ténèbres
et puisse recevoir la Lumière
qui conduit à la Vie ?

Etre chrétien est-ce autre chose que de se laisser éblouir
par la lumière de Jésus-Christ,
pour devenir, à notre tour, une lumière dans la nuit ?
Une lumière qui doit briller aux yeux de tous les hommes.

Lumière de nos vie, lumière de nos communautés,
lumière de nos foyers,
lumière de nos choix pour la justice et pour la paix,
lumière pour les pauvres et pour les désespérés,
lumière de témoins
qui reflètent l'Amour-Lumière de Dieu.

2. Reflets du Christ-Lumière

O Christ, Soleil levant,
apprends-nous à discerner
ces mille et une petites étoiles,
humbles reflets de ta Lumière sans déclin
qui percent, de temps en temps,
la grisaille de notre vie quotidienne.

Un peuple qui secoue le joug d'une dictature,
retrouve sa liberté et sa dignité...
Epiphanie de l'espérance.
Une étoile s'allume dans notre nuit !

Au sein d'une société axée sur la rentabilité,
un jeune super technocrate qui largue tout pour se faire moine...
Epiphanie de la gratuité,
d'un Appel à l'Absolu, fou et imprévisible.
Une étoile s'allume dans notre nuit !

Un missionnaire qui meurt d'épuisement,
au milieu de son peuple d'adoption ;

un médecin-volontaire qui, au lieu de faire carrière,
patauge dans la boue des camps de réfugiés...
Epiphanies de la solidarité, du don de soi.
Une étoile s'allume dans notre nuit !

Une explosion de joie dans la salle de contrôle
lorsqu'un nouveau satellite atteint son objectif ;
le cri du premier de cordée qui plante son fanion
au sommet de la montagne ;
le bonheur du handicapé qui remporte
une épreuve sportive.
Epiphanies de la joie de se dépasser,
de remporter, ensemble, une victoire qui grandit
l'homme.

L'émerveillement du père penché sur le berceau de
son enfant,
le plaisir de l'écrivain qui sculpte les mots,
du musicien qui harmonise les sons,
de l'ébéniste qui cisèle un pied de table...
Epiphanies de la joie de créer
Une étoile s'allume dans notre nuit !
Une contemplative qui éclate de santé intérieure
et dont le rire est une cascade de fraîcheur...
Epiphanie de la pureté et de l'harmonie retrouvée.
Seigneur, que d'épiphanies de ta Lumière,
que d'étoiles, chaque jour, allumées,
pour celui qui sait encore regarder !

3. L'étoile de la foi

Poète ou ingénieur, pauvre ou riche,
jeune ou vieux, manuel ou intellectuel,
chef d'Etat ou concierge,
tous nous poursuivons une étoile,
dans le ciel de notre cœur ou le ciel de nos rêves...

Comment s'appelle la petite étoile de lumière
qui nous aide à vivre et à espérer,
encore et malgré tout :
santé, justice, paix, amour,
bonheur, tendresse, liberté ?
Seigneur, tu le sais,
le plus dramatique dans la vie d'un homme
est de ne plus avoir dans son cœur
ni étoile, ni désir fou de l'impossible, ni espérance.
Alors, au fond de cette nuit trop noire,
il se meurt d'ennui ou de désespoir !

Seigneur, toi le Vivant, Vainqueur des ténèbres du mal,
donne-nous de croire que tu es la brèche de lumière
qui troue l'épaisseur de notre nuit.
Ouvre les yeux de notre cœur à l'étoile de la foi !

Illuminés par l'étoile de la foi,
aide-nous à dire non à toute forme de désespérance,
à nous mettre en marche, chaque matin,
comme les Mages,
vers l'étranger, le pauvre, l'enfant qui a faim,
l'exploité, le méprisé, notre voisin.

Illuminés par l'étoile de la foi,
soutiens notre marche vers les terres inconnues de l'an 2000,
où tu nous donnes rendez-vous ;
éclaire notre cœur et notre intelligence
afin que nous puissions discerner les choix nécessaires
pour construire la « civilisation de l'amour ».

Seigneur, illuminés par l'étoile de la foi,
fais de chacun nous, un témoin, un reflet de ta Lumière,
une étoile qui brille dans la nuit,
une source d'espérance,
une épiphanie de ta tendresse et de ta paix.

Parabole du bâtisseur incapable d'achever sa construction

(Luc 14,28-33)

De grandes foules faisaient route avec Jésus ; il se retourna et leur dit : « Si quelqu'un vient à moi sans me préférer à son père, sa mère, sa femme, ses enfants, ses frères et sœurs, et même à sa propre vie, il ne peut être mon disciple. Celui qui ne porte pas sa croix et ne marche pas à ma suite, ne peut être mon disciple.

Quel est celui d'entre vous, qui veut bâtir une tour, et qui ne commence pas par s'asseoir pour calculer la dépense et voir s'il a de quoi aller jusqu'au bout ? Car, s'il pose les fondations et ne peut pas achever, tous ceux qui le verront se moqueront de lui : "Voilà un homme qui commence à bâtir et qui ne peut achever !" Et quel est le roi qui part en guerre contre un autre roi, et qui ne commence pas par s'asseoir pour voir s'il peut avec dix mille hommes affronter l'autre qui vient avec vingt mille ? S'il ne le peut pas, il envoie, pendant qu'il est encore loin, une délégation pour demander la paix. De même, celui d'entre vous qui ne renonce pas à tous ses biens ne peut être mon disciple. »

1. S'asseoir pour oser risquer

Seigneur Jésus,
pour révéler le mystère du Royaume de Dieu,
tu as pris beaucoup de risques !
Tu as risqué l'éternité dans le temps,
tu as risqué l'invisible dans un visage d'homme,
tu as risqué le divin dans un corps humain.

Tu as risqué la Parole dans la fragilité de nos mots,
tu as risqué la Bonté de Dieu
dans la banalité de gestes quotidiens.
Tu as même pris le risque
d'être récupéré, mal interprété, défiguré.

Seigneur, depuis ton Incarnation,
comment te suivre sans prendre des risques ?
Donne-moi le goût du risque
et le courage de le prendre en toute lucidité.
Donne-moi de risquer mon cœur,
mon intelligence et ma raison,
de risquer mes biens, mon avenir
et ma réputation,
de risquer l'hostilité, l'indifférence
et même la croix.

Mais, tant de risques,
tu le comprends bien,
demandent réflexion,
tant de risques
méritent que je prenne le temps de m'asseoir
pour accueillir, dans le silence de la prière,

ton Esprit,
source et force de mes choix,
pour en vérifier les fondations !

Accorde-moi la grâce
de bâtir ma vie sur le Roc de ta Parole,
de durer en ta Présence,
de commencer et d'achever l'ouvrage de ma vie
avec Toi.

Parabole du figuier stérile

(Luc 13,1-9)

Un jour, des gens vinrent rapporter à Jésus l'affaire des Galiléens que Pilate avait massacrés pendant qu'ils offraient un sacrifice. Jésus leur répondit : « Pensez-vous que ces Galiléens étaient de plus grands pécheurs que tous les autres Galiléens, pour avoir subi un tel sort ? Eh bien ! non, je vous le dis ; et si vous ne vous convertissez pas, vous périrez tous comme eux. Et ces dix-huit personnes tuées par la chute de la tour de Siloé, pensez-vous qu'elles étaient plus coupables que tous les habitants de Jérusalem ? Eh bien ! non, je vous le dis ; et si vous ne vous convertissez pas, vous périrez tous de la même manière. »

Jésus leur dit encore cette parabole : « Un homme avait un figuier planté dans sa vigne. Il vint chercher du fruit et n'en trouva pas. Il dit alors à son vigneron : ''Voilà trois ans que je viens chercher du fruit sur ce figuier, et je n'en trouve pas. Coupe-le. A quoi bon le laisser épuiser le sol ?'' Mais le vigneron lui répondit : ''Maître, laisse-le encore cette année, le temps que je bêche autour pour y mettre du fumier. Peut-être donnera-t-il du fruit à l'avenir. Sinon, tu le couperas.'' »

1. Suis-je indécrottable ?

Je me suis installé dans ma médiocrité.
Elle ne me gêne même plus !
Je m'y suis habitué,
comme on finit par s'habituer à un vieux vêtement
ou à un voisin désagréable !

Voilà tant d'années
que mon existence est stérile !
Tant d'années où je n'ai vécu que pour moi !
Voilà tant d'années, Seigneur,
que tu attends, vainement, de moi,
quelques fruits !

J'épuise ma propre vie,
j'épuise ma famille, j'épuise ma communauté,
j'épuise mes amis,
j'épuise tout le monde,
je suis un homme épuisant !
Ma misère est indécrottable !

Seigneur, ai-je fini par te lasser, toi aussi ?
Pourquoi m'abandonnes-tu dans ce triste ennui
qui me déprime ?
Suis-je déjà devenu si sec
que je ne suis plus bon qu'à être jeté au feu ?

Oui, Seigneur, je le reconnais :
je suis épuisant.
Mais on dit que ta bonté n'est jamais épuisée,
que ta patience ne s'épuise jamais,
que ta grâce est inépuisable !

Tu le sais, je suis tombé trop bas
pour être capable de me relever tout seul.
Seigneur, envoie-moi un frère, une sœur,
qui tu voudras...
quelqu'un
qui prendra le temps de m'aimer,
de bêcher patiemment,
tout autour de mon cœur desséché,
afin que, depuis l'extrémité des racines
jusqu'aux branches mortes,
coule à nouveau, en tout mon être,
la sève de ta Vie.

2. Il n'y a plus rien à en tirer !

Décidément cette paroisse est trop vieille,
dit son curé,
il n'y a vraiment rien à en tirer !
Elle est figée dans une désespérante somnolence,
elle ronronne aux sons des grandes orgues,
elle broute paisiblement la messe du dimanche !
Seigneur, voilà des années
  que je rame à contre-courant,
pour rien !

Mes paroissiens estiment qu'ils ont droit
aux secours de la religion,
et que je suis payé pour cela !
Pompier, gendarme, curé,
après tout, chacun son métier !

Je suis à la fois leur druide et leur paratonnerre...
Et ils s'étonnent parfois de mes brusques colères !

Seigneur, est-ce bien utile de vouloir faire boire
un âne qui n'a pas soif ?
Je crois que je vais mettre la clef sous le paillasson...

Mais un soir, avec quelques-uns d'entre eux,
plus lucides, plus éveillés,
nous avons décidé de prier une heure,
chaque semaine,
ensemble.
Nous avons prié chez l'un,
puis chez l'autre...

Nous avons commencé par bêcher notre propre jardin,
nous avons sarclé nos vieilles habitudes,
retourné nos lâchetés, nos blocages, nos rancœurs,
extirpé patiemment nos impatiences, nos a priori, nos peurs...

Oui, nous avons prié,
beaucoup prié.
Nous avons retourné et fumé notre terre,
pendant des semaines et des semaines...

Nous étions une petite poignée !
Quelques mois plus tard, nous étions une centaine.
Et aujourd'hui,
notre paroisse a refleuri
et commence à donner quelques beaux fruits !

3. Les paraboles du quotidien

Les yeux de notre cœur sont souvent aveugles !
Nous ne savons pas voir et observer
de multiples petits événements
qui sont souvent les paraboles du quotidien.

Ainsi chaque année, j'attends,
toujours impatiemment,
les premiers bourgeons du magnifique figuier
planté dans mon jardin !

Mais l'an dernier, j'attendis en vain !
L'hiver précédent, trop rigoureux, l'avait
probablement gelé
jusqu'aux racines.
Malgré les conseils de mon voisin,
je ne pus me décider à le couper,
je m'y étais sans doute insconsciemment attaché.
Je ne pris même pas la peine de bêcher tout autour
et d'y mettre du fumier.

Pour moi, il était mort.
Je le laissai là, plutôt par habitude.

Aussi quelle ne fut pas ma surprise
de découvrir, cette année, les beaux jours revenus,
un minuscule surgeon sorti de terre,
un tout petit brin de vie inespérée.
Sacré vieux figuier que je croyais mort !

D'autres surgeons firent bientôt leur apparition.
Il me fallut donc — avec quelle précaution ! —
scier le vieux tronc desséché
pour laisser grandir ce qui venait de renaître.

Merci, Seigneur, de nous aider à voir
toutes ces paraboles vivantes
qui nous apprennent à ne jamais trop vite désespérer
et à croire que la vie possède
une puissance insoupçonnée.

Désormais, je ne dirai jamais plus :
cette situation est sans issue
ou : cet homme est foutu,
car que savons-nous des racines ?

4. Accorde-nous encore une chance !

Accorde-nous encore, Seigneur,
une chance,
un délai de conversion,
le temps d'un dernier sursaut !
Oh ! je sais que certains jours,
il y a vraiment de quoi désespérer de notre terre !
Vingt siècles déjà que ta Parole y a pris chair.
Vingt siècles déjà que tu n'en finis pas de proclamer :
« Convertissez-vous et croyez en ma Bonne Nouvelle ! »

Et nous continuons à nous agresser les uns les autres,
à nous faire souffrir mutuellement,
à inventer des armes toujours plus perfectionnées
pour nous entre-tuer,
à exploiter les richesses de la terre
sans être capables de les partager,
à laisser des millions d'êtres humains
mourir de faim,
à ignorer la solitude de notre voisin...

Vingt siècles et plus,
que Tu envoies, pour chaque génération,
des prophètes qui crient dans notre désert :
« Produisez donc des fruits qui témoignent de votre
conversion ! »
Et rien se semble changer sous le soleil.

Je sais, Seigneur, que tu aurais bien des raisons
de t'impatienter,
d'entrer dans une divine et terrible colère.

Mais écoute le cri de ton Fils Jésus,
la prière de tous les saints,
ceux d'hier et d'aujourd'hui,
qui te demandent encore un délai
pour sauver notre pauvre terre :
« Père, toi qui es lent à la colère et plein d'amour,
aie pitié de ton peuple,
patiente encore cette année ! »

L'allégorie de la vigne

(Jean 15,1-8)

Avant de passer de ce monde à son Père, Jésus disait à ses disciples : « Moi, je suis la vraie vigne, et mon Père est le vigneron. Tout sarment qui est en moi, mais qui ne porte pas de fruit, mon Père l'enlève ; tout sarment qui donne du fruit, il le nettoie, pour qu'il en donne davantage. Mais vous, déjà vous voici nets et purifiés grâce à la parole que je vous ai dite : Demeurez en moi, comme moi en vous.

De même que le sarment ne peut pas porter du fruit par lui-même s'il ne demeure pas sur la vigne, de même vous non plus, si vous ne demeurez pas en moi. Moi, je suis la vigne, et vous les sarments. Celui qui demeure en moi, et en qui je demeure, celui-là donne beaucoup de fruits, car, en dehors de moi, vous ne pouvez rien faire.

Si quelqu'un ne demeure pas en moi, il est comme un sarment qu'on jette dehors, et qui se dessèche. Les sarments secs, on les ramasse, on les jette au feu, et ils brûlent. Si vous demeurez en moi, et que mes paroles demeurent en vous, demandez tout ce que vous voudrez, et vous l'obtiendrez. Ce qui fait la gloire de mon Père, c'est que vous portiez beaucoup de fruits : ainsi, vous serez pour moi des disciples. »

1. L'homme n'a pas besoin de toi !

En dehors de moi, vous ne pouvez rien faire !
Là, franchement, Seigneur,
tu pousses le paradoxe un peu loin !
Je peux faire beaucoup de choses sans toi,
et les non-croyants ne sont pas manchots !
L'homme n'a pas besoin de toi pour inventer, bâtir,
exploiter la terre et conquérir l'espace...

Tu as raison !
Il est vrai que sans moi,
vous avez déjà fait et que vous ferez encore de grandes choses,
excepté celle de vaincre
ce mal qui ronge votre cœur,
blesse vos amours, fausse toutes vos relations,
corromp vos meilleures inventions
et les transforme en puissances d'auto-destruction.

Vous pouvez tout faire, mais ce que vous faites n'est rien,
face à cette impasse inéluctable de la mort
qui assombrit l'horizon de tous vos projets.
Oui, en dehors de moi, vous pouvez tout faire,
sauf aimer vraiment et vivre éternellement.

Moi, je suis la Vie au creux de votre poussière.
Moi, je suis l'Amour plus fort que votre péché.
Votre intelligence, votre savoir-faire,
honorent Celui qui vous a créés.
Mais, sans la gratuité de mon amour,

aucune de vos prouesses techniques
n'apporteront jamais le bonheur et la joie sur votre terre.

Seuls les fruits de mon Amour
que vous porterez,
seuls les fruits de mon Esprit
que vous ferez fructifier,
sont capables de métamorphoser les hommes en frères,
et ainsi de glorifier pleinement votre Père.

2. Sois mon pourvoyeur de sève !

Seigneur,
dans le silence de l'aube,
dans la rumeur assourdie du soir ou au cœur de la nuit,
j'aime venir te prier devant la petite lampe du sanctuaire.
Là, je prends mieux conscience que je ne suis qu'un sarment
de cette Vigne dont Tu es le Cep vivant.

Greffe-moi sur Toi, Seigneur, solidement.
Greffe-moi sur ton grand Corps spirituel
qui dépasse les frontières visibles du monde et de l'Eglise.
Greffe-moi sur ce Corps qui respire au rythme de l'invisible.

Que ton Esprit, Seigneur, Amour créateur,
Vie féconde,
circule en moi,
habite ma vie, mes relations, mes joies,
mes souffrances,
mes engagements, mes paroles et mes silences.
Alors,
comme le sang qui irrigue la moindre cellule du corps,
comme la sève qui irrigue la plus petite feuille de l'arbre,
par Ton Esprit,
je serai en communion avec toute la terre.

Je crois qu'en Toi, Seigneur, le Vivant,
les hommes, désormais, ne sont plus seulement des individus,
juxtaposés, isolés,
mais un seul Corps
qui rassemble tous les vivants et tous les morts.

Branche-moi sur ta Vie, Seigneur !
Plus je serai intimement greffé sur Toi,
plus j'entrerai dans ce grand et mystérieux circuit
de l'amour créateur,
et plus je serai proche de tout homme.

Ma prière greffée sur la tienne, ô Christ priant,
apportera, je le crois, ce surcroît d'amour,
ce surcroît de respiration intérieure
qui régénère toutes les cellules du Corps
et rapproche les cœurs.

Greffe-moi sur ta Vie, Seigneur
et ma vie trouvera cette secrète fécondité
qui prépare la terre des hommes à ton éternité.

Parabole des talents

(Matthieu 25,14-30)

Jésus parlait à ses disciples de sa venue ; il disait cette parabole : « Un homme, qui partait en voyage, appela ses serviteurs et leur confia ses biens. A l'un il donna une somme de cinq talents, à un autre deux talents, au troisième un seul, à chacun selon ses capacités. Puis il partit.

Aussitôt, celui qui avait reçu cinq talents s'occupa de les faire valoir et en gagna cinq autres. De même, celui qui avait reçu deux talents en gagna deux autres. Mais celui qui n'en avait reçu qu'un creusa la terre et enfouit l'argent de son maître.

Longtemps après, leur maître revient et il leur demande des comptes. Celui qui avait reçu les cinq talents s'avança en apportant cinq autres talents et dit : "Maître, tu m'as confié cinq talents ; voilà, j'en ai gagné cinq autres. Très bien, serviteur bon et fidèle, tu as été fidèle pour peu de choses, je t'en confierai beaucoup ; entre dans la joie de ton maître." Celui qui avait reçu deux talents s'avança ensuite et dit : "Maître, tu m'as confié deux talents ; voilà, j'en ai gagné deux autres. — Très bien, serviteur bon et fidèle, tu as été fidèle en peu de choses, je t'en confierai beaucoup ; entre dans la joie de ton maître." Celui qui avait reçu un seul talent s'avança ensuite et dit : "Maître, je savais que tu es un homme dur ; tu moissonnes là où tu n'as pas semé, tu ramasses là où tu n'as pas répandu le grain. J'ai eu peur, et je suis allé enfouir ton talent dans la terre. Le voici. Tu as ce qui t'appartient." Son maître lui répliqua : "Serviteur mauvais et paresseux, tu savais que je moissonne là où je n'ai semé, que je ramasse le grain là où je ne l'ai pas répandu. Alors, il fallait placer mon argent à la banque ; et, à mon retour, je l'aurais retrouvé avec les intérêts. Enlevez-lui donc son talent et donnez-le à celui qui en a dix. Car celui qui a, on lui donnera, et il sera dans l'abondance. Mais celui qui n'a rien, on lui enlèvera même ce qu'il a. Quant à ce serviteur bon à rien, jetez-le dehors dans les ténèbres ; là il y aura des pleurs et des grincements de dents.'' »

1. Les capitaux que Dieu préfère

Il y a les capitaux financiers,
le capital intellectuel,
les capitaux industriels,
le capital culturel...
Mais y a-t-il un capital du cœur ?
Est-il vrai Seigneur que ce dernier pèse plus lourd
dans la banque de ton Royaume ?

Il y a les surdoués en affaires,
les surdoués en électronique et en mathématique
les surdoués en sports...
Est-il vrai, Seigneur que tu préfères, surtout,
les surdoués du cœur ?

Est-il vrai, Seigneur, qu'à tout homme,
diplômé des grandes Ecoles ou balayeur du métro,
blanc ou noir, pratiquant une religion ou pas,
malade ou bien-portant, jeune ou vieux,
superstar ou inconnu, citadin ou paysan,
tu ne poseras qu'une seule question,
  au soir de sa vie :
qu'as-tu fait de ton capital d'amour,
de cette capacité d'aimer,
de cette étincelle de ma propre vie,
que je t'avais confiée pour la faire fructifier ?

Pourquoi as-tu enfoui cet amour
qui devait permettre à tes frères
affamés d'amour, assoiffés de justice,
paumés, prisonniers, étrangers,
d'exister, de grandir et d'espérer ?

Seigneur, aide-nous à ne pas enterrer ce trésor,
à faire fructifier notre capital d'amour,
le seul à ne jamais se dévaluer
sur terre et dans ton éternité.

2. Dieu serait-il déphasé ?

Seigneur, permets-moi de te dire ce que j'ai sur le cœur.
J'ai l'impression que tes propos sont complètement déphasés !
Je ne te reproche pas tes souches paysannes,
mais on voit bien que tu n'as jamais eu d'entreprises à diriger,
de budgets prévisionnels ou d'investisements à planifier,
de personnels à supprimer pour éviter une faillite générale
ou encore des capitaux, des comptes en banque
ou des actions boursières à faire fructifier !

Tu dois bien te douter
que l'avenir économique d'un pays ne tombe pas du ciel,
et qu'il faut bien produire
pour partager avec les plus démunis !
Toutes choses qui sont bien loin
de tes images bucoliques
évoquant la douce Galilée !

J'aimerais bien que tu refasses un petit parcours terrestre,
dans la peau d'un responsable qui se bat
avec les lois du marché
et qui n'a pas la chance de se promener, les pieds nus,
dans la poussière des chemins de Judée !
Simplement le temps de te rendre compte
que pour faire face à la concurrence,
défendre ne serait-ce que le travail de ses ouvriers,
il faut sans cesse calculer, prévoir, agrandir, renouveler.

Mon fils, je reconnais que tu es un bon gestionnaire,
que tu as le sens des affaires et des responsabilités ;
mais une chose te manque, une seule !

Garder le sens de la gratuité.
Fleurir ta vie de gestes gratuits
comme le bouquet de fleurs sur la table
que personne ne songe à manger !

Prendre le temps d'écouter, d'aimer, de prier,
d'habiter ton « coeur »
et d'y laisser respirer l'Esprit !

Je ne te reproche pas de te préoccuper
de la santé des affaires qui te sont confiées
mais d'oublier la santé de ton « âme ».

3. J'ai enfoui mon cœur dans un bas de laine

Seigneur,
pardonne-nous d'avoir, souvent, enfoui
les trésors de notre cœur dans un bas de laine
et d'avoir eu peur de prendre des risques !
Nous n'avons pas toujours su aimer à fond,
à pleins poumons.

Te considérant parfois plus comme un Juge sévère,
que comme un Père,
nous avons observé, méticuleusement,
scrupuleusement, tous tes commandements.
Nous avons ainsi, peu à peu,
transformé ton Alliance d'Amour
en devoirs religieux !
Par excès de prudence et par manque de confiance,
nous avons canalisé et figé la lave incandescente
de ta Bonne Nouvelle.

Nous avons, souvent, enfoui les trésors de la foi,
de l'espérance et de la charité,
dans le maquis des préceptes à observer.
Nous nous sommes même érigés
en défenseurs de ta « Vérité »,
que nous avons confondue avec nos manières de penser !

Nous avons fermé l'accès des portes de ton Royaume
à tous ceux qui te cherchent
par d'autres chemins culturels que les nôtres.

Nous avons entassé les semences de ta Parole
dans la serre de nos clochers
l'empêchant ainsi de fructifier
hors de nos propres terres cultivées.

Nous avons oublié que les premiers chrétiens
ont dû, eux aussi,
poussés par l'Esprit,
abandonner leur ancienne sécurité,
pour risquer ton Evangile,
à la croisée des chemins,
sur la terre des païens.

Parabole du gérant habile

(Luc 16,1-13)

Jésus racontait à ses disciples cette parabole : « Un homme riche avait un gérant qui lui fut dénoncé parce qu'il gaspillait ses biens. Il le convoqua et lui dit : "Qu'est-ce que j'entends dire de toi ? Rends-moi les comptes de ta gestion, car désormais tu ne pourras plus gérer mes affaires." Le gérant pensa : "Que vais-je faire, puisque mon maître me retire la gérance ? Travailler la terre ? Je n'ai pas la force. Mendier ? J'aurais honte. Je sais ce que je vais faire, pour qu'une fois renvoyé de ma gérance, je trouve des gens pour me recevoir." Il fit alors venir, un par un, ceux qui avaient des dettes envers son maître.

Il demanda au premier : "Combien dois-tu à mon maître ? — Cent barils d'huile." Le gérant lui dit : "Voici ton reçu ; vite, assieds-toi et écris cinquante." Puis il demanda à un autre : "Et toi, combien dois-tu ? — Cent sacs de blé." Le gérant lui dit : "Voici ton reçu, écris quatre-vingts." Ce gérant malhonnête, le maître fit son éloge : effectivement, il s'était montré habile. Car les fils de ce monde sont plus habiles entre eux que les fils de lumière. Eh bien ! moi, je vous le dis : Faites-vous des amis avec l'Argent malhonnête, afin que, lorsqu'il viendra à manquer, ces amis vous reçoivent dans les demeures éternelles.

Celui qui est digne de confiance dans une petite affaire, est digne de confiance aussi dans une grande. Celui qui est malhonnête dans une petite affaire, est malhonnête aussi dans une grande. Si vous n'avez pas été digne de confiance avec l'Argent malhonnête, qui vous confiera le bien véritable ? Et si vous n'avez pas été digne de confiance pour des biens étrangers, le vôtre qui vous le donnera ? Aucun domestique ne peut servir deux maîtres : ou bien il détestera le premier et aimera le second, ou bien il s'attachera au premier et méprisera le second. Vous ne pouvez pas servir à la fois Dieu et l'Argent. »

1. Etre astucieux pour le Royaume

Seigneur, je ne t'apprendrai rien en te disant
que les hommes sont bougrement astucieux
pour gagner de l'argent, réaliser de bonnes affaires,
alimenter caisses noires et comptes en Suisse,
fabriquer de fausses factures,
créer des sociétés de façade
afin de détourner ou de blanchir des revenus douteux ;
inventer mille astuces pour échapper aux mailles du fisc...
Que d'imagination au service
de cet argent souvent malhonnête !

Ah ! Seigneur, si les fils du royaume
pouvaient déployer autant d'habileté pour vaincre le Mal,
pour faire triompher l'amour,
pour faire jaillir la vie et l'espérance !
Si nous savions être aussi créatifs
pour mettre cet argent trompeur au service des plus démunis,
pour nous faire de tous les pauvres, de vrais amis
qui nous ouvriront les portes du bonheur,
les portes de ton Royaume !

Mais, Seigneur,
l'habileté de l'homme ne te déplaît pas !
Car si nous étions incapables de gérer les biens périssables,
ces biens qui nous seront toujours extérieurs, étrangers,

comment pourrais-tu nous confier le Bien véritable,
ces biens intérieurs qui sont nôtres pour l'éternité !
Apprend-nous simplement à user de cette habileté naturelle
pour faire fructifier les dons de ton Esprit
et ta Bonne Nouvelle

Seigneur, accorde-nous l'intelligence du cœur
pour choisir en toute lucidité quel maître nous voulons servir,
pour discerner ce qui est précieux à tes yeux.
Que ta Bonne Nouvelle éclaire et oriente
l'usage que nous faisons de l'argent honnête,
habilement gagné.

Que le partage de nos biens et la solidarité
soient comme les fleurs de la gratuité de ton Amour.
Libère-nous de tout désir d'appropriation
puisque l'amour de l'argent est toujours le signe
de l'amour de soi-même et du mépris des autres.
Seigneur, comment pourrions-nous encore t'appeler Père,
si nous ne vivons que pour nous-mêmes ?

Parabole de Lazare et du mauvais riche

(Luc 16,19-31)

Jésus disait cette parabole : « Il y avait un homme riche, qui portait des vêtements de luxe et faisait chaque jour des festins somptueux. Un pauvre, nommé Lazare, était couché devant le portail, couvert de plaies. Il aurait bien voulu se rassasier de ce qui tombait de la table du riche ; mais c'étaient plutôt les chiens qui venaient lécher ses plaies. Or, le pauvre mourut, et les anges l'emportèrent auprès d'Abraham. Le riche mourut aussi, et on l'enterra. Au séjour des morts, il était en proie à la torture ; il leva les yeux et vit de loin Abraham avec Lazare tout près de lui. Alors il cria : "Abraham, mon père, prends pitié de moi et envoie Lazare tremper dans l'eau le bout de son doigt, pour me rafraîchir la langue, car je souffre terriblement dans cette fournaise. — Mon enfant, répondit Abraham, rappelle-toi : tu as reçu le bonheur pendant ta vie, et Lazare, le malheur. Maintenant il trouve ici la consolation et toi c'est ton tour de souffrir. De plus, un grand abîme a été mis entre vous et nous, pour que ceux qui voudraient aller vers vous ne le puissent pas, et que, de là-bas non plus, on ne vienne pas vers nous." Le riche répliqua : "Eh bien ! père, je te prie d'envoyer Lazare dans la maison de mon père. J'ai cinq frères : qu'il les avertisse pour qu'ils ne viennent pas, eux aussi, dans ce lieu de torture !" Abraham lui dit : "Ils ont Moïse et les prophètes : qu'ils les écoutent ! — Non, père Abraham, dit le riche, mais si quelqu'un de chez les morts vient les trouver, ils se convertiront." Abraham répondit : "S'ils n'écoutent pas Moïse ni les prophètes, quelqu'un pourra bien ressusciter d'entre les morts : ils ne seront pas convaincus." »

1. Avant qu'il ne soit trop tard !

Nous ne sommes ni pervers ni méchants,
mais comme ce riche,
notre drame est de ne plus voir le pauvre
couché devant notre porte,
dans le hall de notre immeuble
ou caché loin de nos yeux...
Ombre à peine entrevue,
image de la télé vite emportée dans le flot des informations.
Et nous mourrons sans avoir levé le petit doigt !

Nous ne sommes ni pervers ni méchants,
mais notre aveuglement est notre plus grave péché.
Insensiblement, notre bien-être, nos habitudes de vie,
ont rompu toute communication
avec ces habitants d'une autre planète,
celle des laissés-pour-compte de nos sociétés.

Ce riche n'est ni pervers ni méchant !
Le patriarche des croyants ne lui fait d'ailleurs
aucun reproche ;
il affirme simplement que le fossé que nous avons creusé
entre les pauvres et nous,
deviendra, au sein du Royaume de Dieu,
un abîme infranchissable !
Là, la situation sera inversée :
nous serons assis à la porte du Festin
que nous ne verrons que de loin
sans pouvoir y entrer !

Seigneur, réveille-nous, envoie-nous un « signe »
avant qu'il ne soit trop tard !

Mais tu nous renvoies aux Saintes Ecritures
tant de fois révélées, tout au long de notre histoire.
Seigneur, apprends-nous à saisir l'urgence de ce temps,
l'urgence d'écouter Moïse et les Prophètes
pour désiller nos yeux qui ne savent plus voir.
Rends-nous attentifs à ta Parole de vie
qui détermine, aujourd'hui, notre destinée future.

Seigneur, toi le pauvre Lazare,
souffrant et rejeté par tes propres frères,
vite, convertis-nous, ouvre nos yeux,
avant qu'il ne soit trop tard !

CHAPITRE 7

Le Royaume de l'amour : un fruit de la vigilance du cœur

Parabole de l'ami importun

(Luc 11,1-13)

Un jour, Jésus était en prière. Quand il eut terminé, un de ses disciples lui demanda : « Seigneur, apprends-nous à prier, comme Jean-Baptiste l'a appris à ses disciples. » Il leur répondit : « Quand vous priez, dites : Père, que ton nom soit sanctifié, que ton règne vienne. Donne-nous le pain dont nous avons besoin pour chaque jour. Pardonne-nous nos péchés, car nous-mêmes nous pardonnons à tous ceux qui ont des torts envers nous. Et ne nous soumets pas à la tentation. »

Jésus leur dit encore : « Si l'un de vous a un ami et va le trouver en pleine nuit pour lui demander : "Prête-moi trois pains : un de mes amis arrive de voyage, et je n'ai rien à lui offrir." Et si de l'intérieur, l'autre lui répond : "Ne m'ennuie pas ! Maintenant la porte est fermée ; mes enfants et moi, nous sommes couchés. Je ne puis pas me lever pour te donner du pain." Moi je vous l'affirme : Même s'il ne se lève pas pour les donner par amitié, il se lèvera à cause du sans-gêne de cet ami, et il lui donnera tout ce qu'il lui faut.

Eh bien ! moi, je vous le dis : Demandez, on vous donnera ; cherchez, vous trouverez ; frappez, on vous ouvrira. Celui qui demande, reçoit ; celui qui cherche, trouve ; et à celui qui frappe, on ouvrira. Quel père parmi vous donnerait un serpent à son fils qui lui demande un poisson ? ou un scorpion, quand il lui demande un œuf ? Si donc vous, qui êtes mauvais, vous savez donner de bonnes choses à vos enfants, combien plus votre Père du ciel donnera-t-il l'Esprit Saint à ceux qui le lui demandent ? »

1. J'ai frappé à ta porte !

L'amour du père ou de la mère
ne précède-t-il pas
les besoins, les désirs
et les demandes de leurs enfants ?
Et avec toi Seigneur,
il faudrait demander, frapper, supplier !
Quel Père es-tu,
pour nous laisser frapper à ta porte,
des jours, des mois et même des années ?
Cette parabole ne te ressemble pas !

Mon enfant,
avant même que tu n'aies songé à moi,
j'avais, déjà, frappé à ta porte !
Bien avant que tu n'aies demandé,
je désirais depuis longtemps pouvoir te donner !
Avant même que tu ne commences à me chercher,
je t'avais cherché le premier.

Mais, tu ne sais pas demander !
Tu me demandes n'importe quoi,
et moi je veux te donner mon Esprit.
Tu me demandes de réussir un examen
et moi je veux te faire réussir ta vie !
Tu me demandes de gagner au tiercé,
et moi je veux te donner le Trésor de mon Amour
Tu me demandes uniquement la santé du corps
et moi je veux te guérir tout entier
et te donner ma Vie pour l'éternité !

Tu ne sais pas frapper à la bonne porte.
Tu frappes à la porte des marchands d'illusions
et moi je veux t'ouvrir la porte de la Vérité !
Tu frappes à la porte de tous ceux qui font du bruit
et moi je veux t'ouvrir la porte du silence !
Tu frappes à la porte des passions éphémères
et moi je veux t'ouvrir la porte d'un amour sans frontières.

Tu ne sais pas chercher là où il faut !
Tu cherches la vérité dans les livres,
tu cherches partout les recettes du bonheur,
tu cherches par tous les moyens à sauvegarder ta vie,
alors que j'ai déjà déposé dans ton cœur :
ma vérité, ma paix, ma joie, mon bonheur
et les semences de ma Vie éternelle !

Parabole de la veuve importune

(Luc 18,1-8)

Jésus dit une parabole pour montrer à ses disciples qu'il faut toujours prier sans se décourager : « Il y avait dans une ville un juge qui ne respectait pas Dieu et se moquait des hommes. Dans cette même ville, il y avait une veuve qui venait lui demander : "Rends-moi justice contre mon adversaire." Longtemps il refusa ; puis il se dit : "Je ne respecte pas Dieu, je me moque des hommes, mais cette femme commence à m'ennuyer : je vais lui rendre justice pour qu'elle ne vienne plus sans cese me casser la tête." » Le Seigneur ajouta : « Ecoutez bien ce que dit ce juge sans justice ! Dieu ne fera-t-il pas justice à ses élus qui crient vers lui jour et nuit ? Est-ce qu'il les fait attendre ? Je vous le déclare : sans tarder, il leur fera justice. Mais le Fils de l'homme, quand il viendra, trouvera-t-il la foi sur la terre ? »

1. Dieu ne chasse pas les importuns

Les malins peuvent toujours sourire
du cierge allumé, chaque samedi soir,
par la petite vieille du quartier ou la prostituée du coin...
Toi, Seigneur,
tu n'as pas envie de sourire
de ces mille et une prières,
naïves ou intéressées !

Toi, tu devines bien,
à travers l'épaisseur charnelle de nos cris,
les limites humaines de nos désirs,
dans la maladresse et l'ambiguïté même de nos demandes,
tu devines toujours
une attente éperdue de bonheur,
une folle espérance
que tu as déposée dans notre cœur.

« Seigneur, donne-moi de cette eau
afin que je n'aie plus à venir puiser ici ! » (Jn 4,15).
La Samaritaine rêve d'une eau miraculeuse
qui la délivrerait de ses épuisantes corvées quotidiennes.

« Seigneur, donne-nous toujours de ce pain-là ! » (Jn 6,34).
Les Galiléens rêvent d'une abondance de pain
qui les délivrerait de leurs durs labeurs quotidiens.

Et Toi, Seigneur,
pédagogue d'éternité,
tu ne repousses aucune de ces humbles demandes,
mais tu nous fais passer,
progressivement, patiemment,
de nos demandes imparfaites,
immédiates, matérielles,
au désir de l'Eau vive et du Pain du ciel.

Lentement, respectueusement, amoureusement,
tu élargis nos horizons trop courts,
pour nous révéler le véritable objet
de notre demande,
souvent caché à nos propres yeux.

Tu purifies, tu creuses, tu transformes
ces si humaines prières de demande,
en les ouvrant à notre vraie faim et à notre vraie soif,
à notre soif de Vie, à notre soif d'Amour
et d'Eternité.

2. Je te demande l'amour

Demander !
N'est-ce pas, déjà, Seigneur,
reconnaître ta Présence
et te faire confiance ?
Toute prière,
n'est-elle pas déjà,
secrètement,

inconsciemment,
désir de Toi ?

Dès que je te dis : « Notre Père »,
ne deviens-tu pas,
un peu plus Père pour moi,
et ne suis-je pas,
un peu plus ton fils devant Toi ?

C'est pourquoi, Seigneur,
je peux, déjà, te remercier,
car dans la mesure où je m'ouvre à Toi,
ma prière est, déjà, la grâce demandée.
Ta réponse n'est jamais extérieure à moi-même ;
ma prière libère le Désir-de-l'Esprit,
cette Source intérieure
que tu as, déjà, fait jaillir dans mon coeur
et qui me tourne vers Toi.

Commencer à te prier, c'est, déjà, être exaucé,
car la prière est, déjà, désir de consentir à ta Vie,
à tes Dons,
à ton Amour qui me libère en m'aimant.
Ma prière est, déjà, ton exaucement.

Ta grâce m'ouvre à ta grâce.
Ma manière à moi de te donner
c'est d'accepter de tout recevoir de Toi.
Ma prière Te glorifie,
car elle exauce ton désir de me donner.

« A Toi qui peux, par ta puissance qui agit en nous,
faire infiniment au-delà de ce que nous demandons
et concevons,

à Toi la gloire, dans l'Eglise et en Jésus-Christ,
pour toutes les générations
et pour les siècles des siècles » (Ep 3,20-21).

3. Que cherches-tu ?

Demandez ! Frappez ! Cherchez !
Les uns courent les sanctuaires,
d'autres les assemblées de prières !
Les uns sont pour le zen ou le yoga,
les autres préfèrent les ave Maria !...

Mais que cherchons-nous vraiment ?

L'homme qui prie ne choisit pas l'évasion
mais il apprend à vivre avec cette question,
celle des premiers disciples,
quand Jésus passait sur les rives du Jourdain :
« Maître, où demeures-tu ? »

L'homme qui prie poursuit un Visage,
un jour entrevu,
pour découvrir où il demeure et l'écouter.
« Jésus leur dit : "Venez et voyez."
Ils allèrent donc et virent où il demeurait
et ils restèrent auprès de lui ce jour-là. »

Seigneur,
tu le sais, comme Jean et André,
chacun de nous te cherche,

avec ses rêves de bonheur,
son attente d'un « messie » ou d'un « gourou »,
imaginé à sa mesure et selon son goût !
Tu le sais.
Et pourtant tu ne romps aucun entretien,
tu nous conduis toujours un peu plus loin.
Tu creuses et purifes nos questions,
tu élargis l'étroitesse de notre horizon.
« Voilà si longtemps, Philippe, que je suis avec vous,
et tu ne me connais pas ? »

Que cherchons-nous vraiment ?
Quel Dieu recherchons-nous confusément ?
Quand des Grecs dirent :
« Nous voulons voir Jésus ! »
celui-ci leur répondit, étrangement :
« En vérité, en vérité, je vous le dis,
pour produire un jour du fruit,
le grain de blé doit mourir en terre ! » (Jn 11,20).
Quand notre recherche de Jésus se fait prière
qui cherchons-nous vraiment ?

Parabole du riche insensé

(Luc 12,16-21)

Du milieu de la foule, un homme demanda à Jésus : « Maître, dis à mon frère de partager avec moi notre héritage. » Jésus lui répondit : « Qui m'a établi pour être votre juge ou pour faire vos partages ? » Puis s'adressant à la foule : « Gardez-vous bien de toute âpreté au gain ; car la vie d'un homme, fût-il dans l'abondance, ne dépend pas de ses richesses. » Et il leur dit cette parabole : « Il y avait un homme riche, dont les terres avaient beaucoup rapporté. Il se demandait : "Que vais-je faire ? je ne sais pas où mettre ma récolte." Puis il se dit : "Voici ce que je vais faire : je vais démolir mes greniers, j'en construirai de plus grands et j'y entasserai tout mon blé et tout ce que je possède. Alors je me dirai à moi-même : Te voilà avec des réserves en abondance pour de nombreuses années. Repose-toi, mange, bois, jouis de l'existence." Mais Dieu lui dit : "Tu es fou : cette nuit même, on te redemande ta vie. Et ce que tu auras mis de côté, qui l'aura ?" Voilà ce qui arrive à celui qui amasse pour lui-même, au lieu d'être riche en vue de Dieu. »

1. Profitons de la vie !

Certains ruinent leur santé en heures supplémentaires
pour pouvoir se payer une résidence secondaire,
d'autres se brouillent à tout jamais avec leur propre
famille
pour des querelles d'héritage
ou perdent sommeil et appétit
en suivant les fluctuations des valeurs boursières.
Les uns et les autres sacrifient tout,
détentes, équilibre personnel, vie de famille,
les simples joies du temps présent
pour préparer demain !

Accroître sa fortune,
construire, agrandir, devenir riche,
toujours plus riche....
pour profiter de sa retraite !

Ainsi, l'homme est capable de tout prévoir
excepté l'infarctus ou l'accident
qui, cette nuit même,
l'emportera brutalement !

Seigneur,
libère-nous de ce calcul insensé
qui fonde nos espoirs de bonheur
sur nos seules richesses terrestres.
Apprends-nous à vivre dans le monde
sans être totalement du monde,
à faire fructifier nos biens
en les mettant tous au service de la vie,
cette vie qui est plus que la nourriture et le vêtement.

Seigneur,
délivre-nous de cette négligence insensée,
celle de l'homme qui s'étourdit dans le présent,
amasse égoïstement pour lui-même
des biens périssables,
et qui en oublie sa grandeur de fils
qui s'enrichit
en accueillant les trésors impérissables de ta propre Vie.

Seigneur,
accorde-nous la vigilance du cœur,
l'intelligence spirituelle,
pour savoir discerner nos vrais biens
et l'urgence du temps présent.

Parabole des compagnons de l'époux

(Marc 2,18-20)

Comme les disciples de Jean-Baptiste et les pharisiens jeûnaient, on vient demander à Jésus : « Pourquoi tes disciples ne jeûnent-ils pas ? » Jésus répond : « Les invités de la noce pourraient-ils donc jeûner, pendant que l'époux est avec eux ? Tant qu'ils ont l'époux avec eux, ils ne peuvent pas jeûner. Mais un temps viendra où l'époux leur sera enlevé : ce jour-là ils jeûneront. »

1. L'amour vigilant

Quand on réunit ses amis pour faire la fête
on ne les invite pas à jeûner !
Et si nous sommes conviés à un mariage,
nous ferons même volontiers
une petite entorse à notre régime !

Seigneur,
hier, sur les routes de Judée,
tu étais, pour les disciples, la joie de Dieu
qui fait alliance avec la terre,
tu étais l'Epoux venu à la rencontre de l'humanité
pour en faire son Epouse bien-aimée !

Mais, aujourd'hui, Seigneur,
nous sommes privés de cette présence
historique, charnelle mais provisoire
qui inaugurait les Noces de la Vie ;
aujourd'hui, Seigneur,
nous devons veiller dans la foi,
en attendant l'heure de ton ultime Repas.

Seigneur,
donne-nous de découvrir le jeûne que tu aimes :
celui qui garde notre cœur vigilant,
attentif à ta Parole, disponible à tes dons ;
le jeûne qui ouvre nos désirs au Désir de ton Esprit
et tourne notre présent vers ton avenir.
Garde-nous dans le jeûne et la prière,
afin que nous demeurions des veilleurs
qui scrutent, jour et nuit, au creux du quotidien,
les signes avant-coureurs de ton Règne d'amour qui
vient.

Seigneur,
Inspire-nous ce jeûne salutaire
qui secoue notre torpeur spirituelle,
nous donne faim de Toi,
et nous maintient éveillés dans l'épreuve de la durée.
Donne-nous le courage d'inventer les formes du jeûne
qui feront de nous des sentinelles de l'amour,
des guetteurs de l'invisible,
des vigiles de l'espérance.
Donne à ton Eglise de vivre, joyeusement, ce jeûne de l'amour
qui ne méprise ni les biens ni les joies de cette terre,
mais garde son cœur ouvert
à l'espérance des Noces de ton Royaume éternel.

Parabole des vierges sages et des vierges insensées

(Matthieu 25,1-13)

Jésus parlait à ses disciples de sa venue ; il disait cette parabole : « Le Royaume des cieux sera comparable à dix jeunes filles invitées à des noces, qui prirent leur lampe et s'en allèrent à la rencontre de l'époux. Cinq d'entre elles étaient insensées, et cinq étaient prévoyantes : les insensées avaient pris leur lampe sans emporter d'huile, tandis que les prévoyantes avaient pris, avec leur lampe, de l'huile en réserve. Comme l'époux tardait, elles s'assoupirent toutes et s'endormirent. Au milieu de la nuit, un cri se fit entendre : "Voici l'époux ! Sortez à sa rencontre." Alors toutes ces jeunes filles se réveillèrent et préparèrent leur lampe. Les insensées demandèrent aux prévoyantes : "Donnez-nous de votre huile, car nos lampes s'éteignent." Les prévoyantes leur répondirent : "Jamais cela ne suffira pour nous et pour vous ; allez plutôt vous en procurer chez les marchands." Pendant qu'elles allaient en acheter, l'époux arriva. Celles qui étaient prêtes entrèrent avec lui dans la salle des noces, et l'on ferma la porte. Plus tard, les autres jeunes filles arrivent à leur tour et disent : "Seigneur, Seigneur, ouvre-nous !" Il leur répondit : "Amen, je vous le dis : je ne vous connais pas." Veillez donc, car vous ne savez ni le jour ni l'heure. »

1. Qui attends-tu ?

Le nouveau-né attend les caresses de sa mère,
l'enfant attend, dans la cour de l'école,
qu'on vienne le chercher ;
il attend le jour de sa fête ou la visite du père Noël.

L'adolescent attend ses copains,
l'étudiant attend les résultats de ses examens,
l'amoureux attend celle qu'il aime
sous la grande horloge de la gare
où il lui a donné rendez-vous.

La femme attend la naissance de son enfant,
l'homme qui travaille attend sa paye
  et son avancement,
le joueur attend le tirage du loto,
les parents attendent leur fils
parti dans un pays lointain.

Le prisonnier attend sa libération,
le malade qui ne dort pas attend la fin de la nuit,
le vieillard isolé attend la femme de ménage...

Nous attendons tous quelque chose
ou quelqu'un,
une visite, un événement heureux, des vacances,
un voyage, une fête de famille, un ami.

Attendre n'est-ce pas une manière d'espérer ?
Celui qui n'attend plus rien ni personne,
est déjà comme mort.

L'attente est un peu ce qui donne du rythme à notre vie ;
elle rend déjà présent, par notre imagination,
ce que nous espérons
et y prépare notre cœur.

Mais attendons-nous encore le Christ,
l'Epoux des noces de la Vie éternelle ?
Car le voici qui vient
Celui qui donne sens
à toutes nos attentes !

Quoi, qu'est-ce que vous nous racontez là ?
Nous nous attendions à tout
mais pas à cela !

2. Veilleur dans la nuit

Mon frère, n'oublie pas ce jour,
où, baptisé dans l'Esprit,
le Christ a fait de toi un veilleur dans la nuit !

Mon frère, n'oublie pas ton baptême
qui fait de toi un veilleur dans la nuit.
Entretiens l'huile de ta lampe,
n'éteins pas le feu de l'Esprit :
qui, dans ton cœur,
est la flamme de ton amour,
ta vigilance intérieure,
la lumière de ta foi.

Mon frère, n'oublie pas ton baptême
qui fait de toi un veilleur dans la nuit !
Et tu sauras, dans l'épaisseur de l'humain,
dans la banalité du quotidien,
contempler Celui qui vient,
et accueillir son amoureuse Alliance
dans la nouveauté de chaque matin.

Mon frère, n'oublie pas ton baptême
qui fait de toi un veilleur dans la nuit !
Et tu triompheras des mensonges de l'Ennemi
et des forces de la mort,
en fixant le Visage de Celui
qui, chaque jour, te donne son Corps.

Mon frère, n'oublie pas ton baptême
qui fait de toi un veilleur dans la nuit !
Et tu auras le courage de dire non à la fatalité du mal,
à l'injustice, à la souffrance ;
tu sauras te battre contre l'absurdité,
en sachant que ce combat,
Dieu lui-même a voulu le partager.

Mon frère, n'oublie pas ton baptême
qui fait de toi un veilleur dans la nuit !
Et tu marcheras avec le peuple de l'Espérance,
dont la foi scrute, jour après jour, les signes des temps,
pour discerner la croissance du Règne de l'amour
et le retour de Jésus, l'Epoux qui vient.

Parabole des serviteurs fidèles et vigilants

(Luc 12,32-48)

Jésus disait à ses disciples : « Soyez sans crainte, petit troupeau, car votre Père a trouvé bon de vous donner le Royaume. Vendez ce que vous avez et donnez-le en aumône. Faites-vous une bourse qui ne s'use pas, un trésor inépuisable dans les cieux, là où le voleur n'approche pas, où la mite ne ronge pas. Car où est votre trésor, là aussi sera votre cœur.

Restez en tenue de service et gardez vos lampes allumées. Soyez comme des gens qui attendent leur maître à son retour des noces, pour lui ouvrir dès qu'il arrivera et frappera à la porte. Heureux les serviteurs que le maître, à son arrivée, trouvera en train de veiller. Amen, je vous le dis : il prendra la tenue de service, les fera passer à table et les servira chacun à son tour. Vous le savez bien : si le maître de maison connaissait l'heure où le voleur doit venir, il ne laisserait pas forcer sa maison. Vous aussi, tenez-vous prêts : c'est à l'heure où vous n'y penserez pas que le Fils de l'homme viendra. »

Pierre dit alors : « Seigneur, cette parabole s'adresse-t-elle à nous, ou à tout le monde ? » Le Seigneur répond : « Quel est donc l'intendant fidèle et sensé à qui le maître confiera la charge de ses domestiques pour leur donner, en temps voulu, leur part de blé ? Heureux serviteur, que son maître, en arrivant, trouvera à son travail. Vraiment, je vous le déclare : il lui confiera la charge de tous ses biens. Mais si le même serviteur se dit : "Mon maître tarde à venir", et s'il se met à frapper serviteurs et servantes, à manger, à boire et à s'enivrer, son maître viendra le jour où il ne l'attend pas et à l'heure qu'il n'a pas prévue ; il se séparera de lui et le mettra parmi les infidèles.

Le serviteur qui, connaissant la volonté de son maître,

n'a pourtant rien préparé, ni accompli cette volonté, recevra un grand nombre de coups.

Mais celui qui ne la connaissait pas, et qui a mérité des coups pour sa conduite, n'en recevra qu'un petit nombre. A qui l'on a beaucoup donné, on demandera beaucoup ; à qui l'on a beaucoup confié, on réclamera davantage. »

1. Restons en tenue de travail

Comme le paysan de la terre de Palestine
gardait relevé les pans de sa longue tunique
pour pouvoir travailler,
restons en tenue de travail !
Demeurons toujours prêts à travailler dans le champ du Seigneur,
car au Royaume de l'Amour,
il n'y a ni chômage
ni jour chômé !

Comme le voyageur ou le pèlerin du pays de Jésus
gardait accroché à sa ceinture les pans de sa longue tunique
pour pouvoir marcher plus facilement,
restons toujours prêts à suivre le Seigneur
qui viendra frapper à notre porte,
à n'importe quelle heure du jour ou de la nuit !
Restons des hommes éveillés !

Seigneur, par quelle tragique méprise
a-t-on pu dire que le christianisme était « l'opium du peuple » !
Un chrétien ne devrait-il pas être
le contraire d'un homme assoupi !
Ton Esprit, feu et tempête de l'Amour,
nous bouscule, secoue nos léthargies,
nous donne un regard vigilant
sur notre environnement familial, notre milieu de travail,
notre quartier, notre pays et sur le monde entier.

Seigneur, arrache-nous à l'assoupissement,
à l'habitude, à la médiocrité, à l'éparpillement.
Ne nous laisse pas anesthésier par la surabondance,
chloroformer par les discours des bateleurs publics,
assourdir par le vacarme des slogans à la mode,
hypnotiser par les sondages,
déshumaniser par les ténors du progrès à tout prix
qui ont relégué la « religion » au musée
des antiquités !

Seigneur, rends-nous disponibles aux murmures de
ton Esprit
qui sans cesse nous redit :
Où l'amour n'est-il pas aimé ?
Où la vie est-elle piétinée ?
Où l'homme est-il méprisé ?
Où l'espérance est-elle menacée ?
Où le Règne de Dieu n'est-il pas encore manifesté ?...
Le temps de remettre son tablier et de se croiser les
bras
n'est pas encore arrivé !

Parabole du maître de maison et du voleur

(Matthieu 24,37-44)

Jésus disait à ses disciples : « L'avènement du Fils de l'homme ressemblera à ce qui s'est passé à l'époque de Noé. A cette époque, avant le déluge, on mangeait, on buvait, on se mariait jusqu'au jour où Noé entra dans l'arche. Les gens ne se sont doutés de rien, jusqu'au déluge qui les a tous engloutis : tel sera aussi l'avènement du Fils de l'homme. Deux hommes seront aux champs : l'un est pris, l'autre laissé. Deux femmes seront au moulin : l'une sera prise, l'autre laissée.

Veillez donc, car vous ne connaissez pas le jour où votre Seigneur viendra. Vous le savez bien : si le maître de maison avait su à quelle heure de la nuit le voleur viendrait, il aurait veillé et n'aurait pas laissé percer le mur de sa maison. Tenez-vous donc prêts, vous aussi : c'est à l'heure où vous n'y penserez pas, que le Fils de l'homme viendra. »

Je n'ai pas le temps !

Etre de son temps sans en être l'esclave.
Savoir prendre du temps
pour ne pas se laisser dévorer par lui.
Savoir attendre et travailler avec le temps.
Faire du temps un allié et non un ennemi !

Aujourd'hui, nous avons perdu le sens et la finalité du temps ;
ses dimensions humaines et spirituelles nous échappent.
Nous ne savons plus attendre !
Aujourd'hui, on perd ou on gagne du temps,
comme on perd ou on gagne de l'argent !

Le train à grande vitesse ou l'avion supersonique
nous transportent, d'un continent ou d'une ville à l'autre,
en quelques heures.
Le four à micro-ondes nous cuit notre repas,
en quelques minutes.
Les services du Minitel nous fournissent, à domicile,
tous les renseignements dont nous avons besoin,
en quelques secondes.

Mais, ô paradoxe, plus l'homme gagne du temps
et plus il est pressé !
Il n'a plus le temps de vivre,
d'écouter la chanson du vent dans les arbres,
de marcher tout doucement vers une fontaine,
de s'asseoir en silence sur une pierre du chemin.

Il n'est plus prêt pour l'imprévisible
car tous ses rendez-vous sont déjà planifiés.

Seigneur, accorde-nous la grâce de retrouver
le prix de ce don si précieux :
celui du temps qui passe,
ce temps que tu nous donnes pour apprendre à aimer,
pour nous ouvrir aux autres,
à ta Présence,
pour édifier, avec toi, la Fraternité universelle,
ouverte sur la plénitude de ton Royaume.

Apprends-nous à respecter le temps
pour accueillir, gratuitement,
ces biens qui n'ont pas de prix :
le soleil, la pluie, les fleurs, les fruits,
l'amitié, la tendresse...
Apprends-nous à mûrir au fil du temps
sous le Soleil de ton Amour.

CHAPITRE 8

Le Royaume de l'amour : une semence jetée dans la terre du quotidien

Parabole du bon Samaritain

(Luc 10,25-37)

Pour mettre Jésus dans l'embarras, un docteur de la Loi lui posa cette question : « Maître, que dois-je faire pour avoir part à la vie éternelle ? » Jésus lui demanda : « Dans la Loi, qu'y a-t-il d'écrit ? Que lis-tu ? » L 'autre répondit : « Tu aimeras le Seigneur ton Dieu de tout ton cœur, de toute ton âme, de toute ta force et de tout ton esprit, et ton prochain comme toi-même. » Jésus lui dit : « Tu as bien répondu. Fais ainsi et tu auras la vie. » Mais lui, voulant montrer qu'il était un homme juste, dit à Jésus : « Et qui donc est mon prochain ? »

Jésus reprit : « Un homme descendait de Jérusalem à Jéricho et il tomba sur des bandits ; ceux-ci, après l'avoir dépouillé, roué de coups, s'en allèrent en le laissant à moitié mort. Par hasard, un prêtre descendait par ce chemin ; il le vit et passa de l'autre côté. De même un lévite arriva à cet endroit ; il le vit et passa de l'autre côté. Mais un Samaritain, qui était en voyage, arriva près de lui, il le vit et fut saisi de pitié. Il s'approcha, pansa ses plaies en y versant de l'huile et du vin. Puis il le chargea sur sa propre monture, le conduisit dans une auberge et prit soin de lui. Le lendemain, il sortit deux pièces d'argent, les donna à l'aubergiste, en lui disant : ''Prends soin de lui ; tout ce que tu auras dépensé en plus, je te le rendrai quand je repasserai.'' Lequel des trois, à ton avis, a été le prochain de l'homme qui était tombé entre les mains des bandits ? » Le docteur de la Loi répond : « Celui qui a fait preuve de bonté envers lui. » Jésus lui dit : « Va, et toi aussi, fais de même. »

1. Qui est mon prochain ?

Seigneur,
quand je me demande quel est mon prochain,
tu déplaces habilement la question
et tu me réponds :
de qui te fais-tu le prochain ?
Le prochain ce n'est pas l'autre
c'est toi qui te rends proche de ton voisin !

Seigneur,
tu es le bon Samaritain,
toi qui, le premier,
as voulu être le prochain de tout homme.
Ta vie est une invitation
à ouvrir toutes grandes les portes de notre maison.
Tu fais éclater toutes nos frontières,
celles du sang, de la race et de la religion.

Tu nous révèles le signe de la vraie conversion :
sortir de nous-mêmes, de notre égoïsme,
de l'étroitesse de notre petit univers,
pour aller, chaque jour, chaque matin,
à la rencontre de celui que tu mets sur notre chemin.

Ce voisin de palier
que nous ne voudrions pas croiser,
cette fille-mère du quartier
que nous préférerions ignorer,
ce chômeur
qui trouble notre quiétude,
cet étranger

qui perturbe nos habitudes,
tous ceux
qui risquent de nous déranger...

Et si, un jour, nous décidions
de devenir leur prochain
qui leur tend la main !

2. La dévotion ne suffit pas !

Seigneur, tu n'y vas pas par quatre chemins !
Tu fustiges tout formalisme hypocrite,
le mien, celui de mon voisin,
celui du prêtre ou du lévite de toute religion,
celui de tous les amateurs de dévotions ;
celui de tous ces bons apôtres
qui récitent, chaque jour, moult patenôtres.

Tu nous remets tous vigoureusement en question.
Tu nous invites à ne pas confondre
la pratique d'une religion
et les exigences de la vraie conversion.
Tu nous rappelles qu'il ne suffit pas
de croire avec sa tête,
mais qu'il faut croire aussi avec notre cœur
et avec nos mains.

Seigneur,
délivre-nous de cette fréquente tentation :
celle du formalisme religieux.

Ouvre ton Eglise
à tous les hommes de la terre
rejetés et abandonnés
dans les marges de notre histoire.

Accorde à chacun de nous,
pratiquant ou non,
de se faire le prochain,
de tout homme rencontré,
blessé dans son corps ou dans son cœur,
oublié sur le bord du chemin.

Accorde à chacun de nous,
de devenir un « bon » Samaritain
afin que le Règne de l'amour
germe sur cette terre,
où il n'y aura plus ni Juifs, ni Grecs, ni païens
mais des enfants d'un même Père.

Parabole de ceux qui cherchent les premières places

(Luc 14,1-14)

Un jour de sabbat, Jésus était entré chez un des chefs des pharisiens pour y prendre son repas, et on l'observait. Remarquant que les invités choisissaient les premières places, il leur dit cette parabole : « Quand tu es invité à des noces, ne va pas te mettre à la première place ; car on peut avoir invité quelqu'un de plus important que toi. Alors, celui qui vous a invités, toi et lui, viendrait te dire : "Cède-lui ta place", et tu irais, plein de honte, prendre la dernière place. Au contraire, quand tu es invité, va te mettre à la dernière place. Alors, quand viendra celui qui t'a invité, il te dira : "Mon ami, avance plus haut", et ce sera pour toi un honneur aux yeux de tous ceux qui sont à table avec toi. Qui s'élève sera abaissé ; qui s'abaisse, sera élevé. »

Jésus dit aussi à celui qui l'avait invité : « Quand tu donnes un déjeuner ou un dîner, n'invite pas tes amis, ni tes frères, ni tes parents, ni de riches voisins. Sinon, eux aussi, t'inviteraient en retour, et la politesse te serait rendue. Au contraire, quand tu donnes un festin, invite des pauvres, des estropiés, des boiteux, des aveugles ; et tu seras heureux parce qu'ils n'ont rien à te rendre : cela te sera rendu à la résurrection des justes. »

1. Au hit-parade de l'amour

Smokings et nœuds papillons,
robes de taffetas et paillettes,
uniformes d'apparat et soutanes violettes,
Seigneur,
ils s'étaient tous, spontanément, installés
autour des tables d'honneurs,
chefs d'Etats, stars de la télévision et du cinéma,
artistes et écrivains de renom, prélats,
toutes les vedettes du hit-parade de la politique,
des arts et du spectacle...

Mais un ange de service est venu leur dire
avec son plus beau sourire :
« Veuillez, je vous prie, céder les premières places
aux invités d'honneur du maître de maison ! »

Alors, Seigneur, stupéfaits, tous les grands
de ce monde,
virent arriver pour le hit-parade de l'amour,
dans la salle du Festin de ton Royaume :
Jean-Baptiste avec sa tunique en poils de chameau,
des bergers avec leurs moutons et leurs pipeaux,
le vieillard Syméon, la prophétesse Anne, Zacharie
avec quelques rouleaux des Saintes Ecritures.

Des pêcheurs de Galilée avec leurs filets,
de nombreux lépreux, Bartimée, l'aveugle de Jéricho
et beaucoup d'autres aveugles avec leur sébile,
le paralysé avec son grabat, la cananéenne, la
samaritaine,
la pauvre veuve du Temple avec ses deux piécettes.

Marie-Madeleine avec ses amies, des prostituées,
Lévi avec les siens, des publicains,
le centurion romain avec son casque sous le bras
l'ancien possédé du pays des Géraséniens,
le pauvre Lazare et le riche Zachée,
Nicodème, Joseph d'Arimathie,
l'autre Lazare, Marthe et Marie, le bon larron
et tant d'autres dont personne ne connaissait le nom !

Et, soudain le petit garçon qui, un jour, avait apporté
cinq pains d'orges et deux petits poissons
entraîna, autour de la Table du Banquet,
une joyeuse farandole d'enfants
qui chantaient : « Nous vous avons joué de la flûte
et vous n'avez pas dansé ! »

2. Aujourd'hui, tout se paie !

Seigneur,
aujourd'hui tout se paie.
On n'a plus rien pour rien !

A quoi ça sert de veiller un malade dont le cerveau
est déjà mort ?
A quoi ça sert d'aider un pauvre type
qui ne fait aucun effort pour s'en sortir,
de mettre sur la table un bouquet de fleurs
que personne ne pourra manger ?

A quoi ça sert de nourrir des vieillards grabataires
qui n'ont plus leur tête,
d'écouter toujours les mêmes lamentations
de gens au psychisme perturbé, pour qui on ne peut rien ?

A quoi ça sert de peindre des aquarelles
ou d'écrire des poèmes
qui n'intéressent personne,
de vouloir atteindre le sommet d'une montagne
pour en redescendre de l'autre côté ?

A quoi ça sert de bien disposer la table
quand on est seul à manger chez soi,
de sourire à un voisin de palier
qui ne nous adresse jamais la parole ?

Tout ca, Seigneur ça ne sert à rien !

Si un jour la gratuité devait disparaître de la terre,
l'homme, créé à mon image et à ma ressemblance,
en mourrait !
Je suis l'Amour.
Et la logique de l'amour est celle de la gratuité.
Pour moi, aimer c'est créer, donner,
gratuitement.
Depuis les étoiles dans l'infini du firmament
jusqu'aux fleurs cachées dans les profondeurs de l'océan,
que vos yeux ne verront jamais,
ma création est débordement de mon amour gratuit.
Depuis Abraham que j'ai appelé d'Ur en Chaldée
jusqu'à l'incarnation et la résurrection
de mon Fils Bien-Aimé
que je vous ai donné,
toute l'histoire du Salut chante que l'amour est gratuité.

Parabole du jugement dernier

(Matthieu 25,31-46)

Jésus parlait à ses disciples de sa venue : « Quand le Fils de l'homme viendra dans sa gloire, et tous les anges avec lui, alors il siégera sur son trône de gloire. Toutes les nations seront rassemblées devant lui ; il séparera les hommes les uns des autres, comme le berger sépare les brebis des chèvres : il placera les brebis à sa droite, et les brebis à sa gauche.

Alors le Roi dira à ceux qui seront à sa droite : "Venez, les bénis de mon Père, recevez en héritage le royaume préparé pour vous depuis la création du monde. Car j'avais faim, et vous m'avez donné à manger ; j'avais soif, et vous m'avez donné à boire ; j'étais un étranger, et vous m'avez accueilli, j'étais nu, et vous m'avez habillé ; j'étais malade, et vous m'avez visité ; j'étais en prison, et vous êtes venus jusqu'à moi !"

Alors les justes lui répondront : "Seigneur, quand est-ce que nous t'avons vu ? tu avais donc faim, et nous t'avons nourri ? tu avais soif, et nous t'avons donné à boire ? tu étais un étranger, et nous t'avons accueilli ? tu étais nu, et nous t'avons habillé ? tu étais malade ou en prison... Quand sommes-nous venus jusqu'à toi ?"

Et le Roi leur répondra : "Amen, je vous le dis, chaque fois que vous l'avez fait à l'un de ces petits qui sont mes frères, c'est à moi que vous l'avez fait."

Alors il dira à ceux qui seront à sa gauche : "Allez-vous-en loin de moi, maudits, dans le feu éternel préparé pour le démon et ses anges. Car j'avais faim, et vous ne m'avez pas donné à manger ; j'avais soif, et vous ne m'avez pas donné à boire ; j'étais un étranger, et vous ne m'avez pas accueilli ; j'étais nu et vous ne m'avez pas habillé ; j'étais malade et en prison, et vous ne m'avez pas visité."

Alors, ils répondront, eux aussi : ''Seigneur, quand est-ce que nous t'avons vu avoir faim et soif, être nu, étranger, malade ou en prison, sans nous mettre à ton service ?''

Il leur répondra : ''Amen, je vous le dis, chaque fois que vous ne l'avez pas fait à l'un de ces petits, à moi non plus vous ne l'avez pas fait.''

Et ils iront, ceux-ci au châtiment éternel, et les justes, à la vie éternelle. »

1. L'éternité commence aujourd'hui

O Seigneur, Roi des Nations,
la solennité de ce Jugement dernier
transforme le moindre de nos gestes
envers le plus petit de tes frères,
pauvre, opprimé ou disciple rejeté
en un événement capital !
Ta Venue finale est la lumineuse Réalité
qui éclaire nos décisions présentes
et donne à tous nos actes leur vraie signification,
leur densité, leur vérité,
leur poids d'éternité.

Seigneur, Juge de l'univers,
fais-nous prendre conscience que, chaque jour,
nous engageons notre éternité.
Eternité qui ne se situe pas à l'extrémité du temps
mais au bout de nos choix et de nos engagements.

Seigneur, toi le vivant, assis sur ton trône de gloire,
rappelle-nous
que la fin des temps commence,
à chaque instant où nous prenons conscience
que nos paroles, nos rencontres et nos actes,
doivent se prendre à la lumière de ton actuelle
Présence
définitive et permanente.

Seigneur, toi qui jugeras toutes les nations,
éclaire notre aujourd'hui
puisque notre jugement dernier

est déjà commencé ;
puisque nous choisissons, aujourd'hui,
la malédiction ou la bénédiction,
le malheur ou le bonheur,
la mort ou la vie,
puisque Ta Venue dans ta gloire ne fera qu'éterniser
ce que, chaque jour, nous aurons décidé.

Seigneur, toi qui présides chacune de nos eucharisties
qui préfigure le rassemblement des Nations,
ouvre notre cœur à ta parole,
afin que nous prenions davantage conscience
que notre amour pour ton Père et notre amour
pour chacun de nos frères
pèsent le même poids d'éternité.

CHAPITRE 9

Le Royaume de l'amour : un don gratuit

Paraboles de la brebis et de la drachme perdues

(Luc 15,1-10)

Les publicains et les pécheurs venaient tous à Jésus pour l'écouter. Les pharisiens et les scribes récriminaient contre lui : « Cet homme fait bon accueil aux pécheurs, mange avec eux ! » Alors Jésus leur dit cette parabole : « Si l'un de vous a cent brebis et en perd une, ne laisse-t-il pas les quatre-vingt-dix-neuf autres dans le désert pour aller chercher celle qui est perdue, jusqu'à ce qu'il la retrouve ? Quand il l'a retrouvée, tout joyeux, il la prend sur ses épaules, et, de retour chez lui, il réunit ses amis et ses voisins ; il leur dit : "Réjouissez-vous avec moi, car j'ai retrouvé ma brebis, celle qui était perdue !" Je vous le dis : c'est ainsi qu'il y aura de la joie dans le ciel pour un seul pécheur qui se convertit, plus que pour quatre-vingt-dix-neuf justes qui n'ont pas besoin de conversion.

Ou encore, si une femme a dix pièces d'argent et en perd une, ne va-t-elle pas allumer une lampe, balayer la maison, et chercher avec soin jusqu'à ce qu'elle la retrouve ? Quand elle l'a retrouvée, elle réunit ses amies et ses voisines et leur dit : "Réjouissez-vous avec moi, car j'ai retrouvé la pièce d'argent que j'avais perdue !" De même, je vous le dis : il y a de la joie chez les anges de Dieu pour un seul pécheur qui se convertit. »

1. Quelle histoire pour une brebis perdue !

Après tout,
perdre une brebis quand on en possède plus de cent,
ce n'est pas une catastrophe !
Mais pour toi, Seigneur,
plusieurs milliards d'êtres humains
n'empêchent pas chacun d'être unique à tes yeux.

Seigneur,
toi qui rencontres, sans jamais te lasser,
les pécheurs, les publicains, les prostituées,
les malades et les petites gens...
élargis mon regard si limité,
moi, qui ai déjà du mal à reconnaître les gens de mon quartier
Seigneur,
toi, qui par ton regard, tes gestes, ta vie tout entière,
révèles, à chacun,
que le Règne de l'amour s'est approché de lui,
ouvre mon cœur si étroit,
afin que, même perdu dans l'anonymat des foules,
aucun visage ne me soit jamais insignifiant.

Seigneur,
accorde-nous le courage de faire les premiers pas
pour aller à la rencontre de tous les égarés.
Egarés dans les déserts de l'alcool,
les déserts de la prostitution et des prisons,
égarés dans les déserts de la solitude et de l'angoisse,
les déserts des pseudo-richesses ou des mondanités,
du temps perdu ou du temps gâché.

Seigneur,
accorde-nous cette intime et divine conviction
que tout homme est unique.
Alors nous aurons le courage
de sortir de l'ombre de nos clochers
pour oser rencontrer
tant d'hommes et de femmes,
exclus, déçus, sceptiques ou hostiles
qui vivent en marge de toute religion.

Accorde-nous assez de respect et de délicatesse
pour être signes, humbles et discrets
que, pour eux aussi,
le Règne de ton amour est arrivé.

Parabole de l'enfant prodigue

(Luc 15,11-32)

Les publicains et les pécheurs venaient tous à Jésus pour l'écouter. Les pharisiens et les scribes récriminaient contre lui : « Cet homme fait bon accueil aux pécheurs, et mange avec eux ! » Alors Jésus leur dit cette parabole : « Un homme avait deux fils. Le plus jeune dit à son père : "Père, donne-moi la part d'héritage qui me revient." Et le Père fit le partage de ses biens.

Peu de jours après, le plus jeune rassembla tout ce qu'il avait et partit pour un pays lointain, où il gaspilla sa fortune en menant une vie de désordre. Quand il eut tout dépensé, une grande famine survint dans cette région, et il commença à se trouver dans la misère. Il alla s'embaucher chez un homme du pays qui l'envoya dans ses champs garder les porcs. Il aurait bien voulu se remplir le ventre avec les gousses que mangeaient les porcs, mais personne ne lui donnait rien. Alors il réfléchit : "Tant d'ouvriers chez mon Père ont du pain en abondance, et moi, ici, je meurs de faim ! Je vais retourner chez mon Père, et je lui dirai : Père, j'ai péché contre le ciel et contre toi. Je ne mérite plus d'être appelé ton fils. Prends-moi comme l'un de tes ouvriers." Il partit donc pour aller chez son père.

Comme il était encore loin, son père l'aperçut et fut saisi de pitié ; il courut se jeter à son cou et le couvrit de baisers. Le fils lui dit : "Père, j'ai péché contre le ciel et contre toi. Je ne mérite plus d'être appelé ton fils..." Mais le Père dit à ses domestiques : "Vite, apportez le plus beau vêtement pour l'habiller. Mettez-lui une bague au doigt et des sandales aux pieds. Allez chercher le veau gras, tuez-le ; mangeons et festoyons. Car mon fils que voilà était mort, et il est revenu à la vie ; il était perdu, et il est retrouvé." Et ils commencèrent la fête.

Le fils aîné était au champ. A son retour, quand il fut près de la maison, il entendit la musique et les danses. Appelant un des domestiques, il demanda ce qui se passait. Celui-ci lui répondit : "C'est ton frère qui est de retour. Et ton père a tué le veau gras, parce qu'il a vu revenir son fils en bonne santé." Alors le fils aîné se mit en colère, et il refusait d'entrer. Son père, qui était sorti, le suppliait. Mais il répliqua : "Il y a tant d'années que je suis à ton service sans avoir jamais désobéi à tes ordres, et jamais tu ne m'as donné un chevreau pour festoyer avec mes amis. Mais, quand ton fils que voilà est arrivé, après avoir dépensé ton bien avec des filles, tu as fait tuer pour lui le veau gras !" Le père répondit : "Toi, mon enfant, tu es toujours avec moi, et tout ce qui est à moi est à toi. Il fallait bien festoyer et se réjouir ; car ton frère que voilà était mort, et il est revenu à la vie ; il était perdu, et il est retrouvé." »

1. J'ai voulu faire ma vie tout seul !

Enfant prodigue, fils ingrat,
j'ai rompu la relation avec Toi, mon Père.
J'ai voulu faire ma vie tout seul !
Inventer mon bonheur loin de Toi !
Je n'avais pas compris la gratuité de Ton amour
qui était ma maison, ma richesse et ma vie.
J'ai voulu prendre l'héritage, tout de suite,
pour moi tout seul.
J'ai raflé tes dons comme un dû.

Tu ne m'as rien dit, Seigneur.
Tu m'as laissé partir vers le pays lointain de mes rêves,
où j'ai gaspillé tous tes biens.
Cette parcelle de vie, cette parcelle d'amour,
je les ai dilapidées égoïstement, goulûment, bêtement.
Et quand j'eus tout dépensé,
une grande famine est survenue dans mon cœur.
Le péché est le pays de la faim et de l'ennui,
du dégoût et de la privation.
Déçu, inassouvi, j'ai refermé les mains sur du vide.

Je suis rentré en moi-même,
j'ai eu soif d'autre chose,
je me suis souvenu de Ta maison,
j'ai décidé de me lever et de revenir...

Tu m'aperçois de loin,
tu m'attends depuis si longtemps, au carrefour de mes chemins !

Tu cours vers moi, tu m'enfouis dans tes larges épaules,
tu es plus ému que moi,
tu ne me poses aucune question sur mon passé,
tu sais que ton enfant a mal,
tu sais quelle amère expérience je viens de faire,
tu me donnes un habit neuf, des sandales neuves,
tu ajoutes simplement un couvert à la table familiale
en disant : mangeons, faisons la fête,
mon enfant est revenu !

Merci, Seigneur, Toi, mon Père,
ma Maison,
mon Amour,
ma Vie,
je n'oublierai jamais
que Tu n'as pas voulu l'humiliation de ton fils
car Tu veux qu'il vive !

2. Le pardon est une fête de l'amour

Jésus, tu le sais, cette parabole est un défi :
celui de l'amour déraisonnable !
Tu fais éclater nos étroitesses d'esprit et de cœur,
tu surprends toux ceux qui croyaient avoir un droit d'entrée,
une place « réservée » !

Tu proclames que la Table du Père,
celle du Festin de l'amour,

est ouverte à tous.
Ouverte à ceux qui ont pris le chemin le plus direct,
ouverte à ceux qui se sont perdus en cours de route,
et qui ont fait un long détour !
Ouverte aux hommes de toutes races et de toutes religions ;
ces religions qui parfois, en ton nom,
excluent, divisent, méprisent.

Jésus, tu te gardes bien de conclure cette parabole,
car c'est nous, les hommes,
qui sommes invités à l'écrire.
Saurons-nous accueillir la démesure de ton amour ?

Le drame de ta passion
n'est-il pas, déjà, le signe que l'homme dit non
à cette insupportable révélation
d'un Dieu-Père
qui bouscule nos frontières,
entre les « méchants » et les « bons »,
les purs et les impurs,
les pécheurs et les justes !
Un Dieu qui semble ignorer
nos chapelles dont nous faisons des bastions
et nos clochers dont nous faisons des donjons !

Accueillerons-nous un jour,
cette surprenante révélation
qui manifeste que le pardon
est une fête de l'amour,
une nouvelle création de l'homme,
une danse qui transfigure le monde ?

3. Est-il vrai, Seigneur, que tu crois encore en moi ?

Est-il vrai, Seigneur, que ton cœur bondit de joie,
quand je décide de remonter la pente,
de tourner le dos à mes impasses,
de repartir sur une autre route,
de reprendre le chemin de la vérité ?

Est-il vrai, Seigneur,
que tu crois encore en moi
quand moi-même, désabusé, je n'ose plus me regarder ?

Est-il vrai, Seigneur,
que Tu ne te lasses jamais d'aimer,
que tu n'as aucune envie de me condamner,
mais que tu désires, infiniment, passionnément,
me voir heureux,
heureux d'être un homme,
heureux d'être ton fils ?...

Seigneur, tu le sais,
j'ai tout essayé pour t'oublier.
Je voulais être moi-même !
Sans avoir de compte à rendre à personne.
Je voulais tout, sans contrainte,
être libre, libre, libre...
Mais, à quoi bon tricher !
Je n'ai pas trouvé le bonheur que je cherchais.
Pourquoi étais-je si malheureux,
dégoûté de moi-même, des autres et du monde ?

J'avais soif d'autre chose. Mais de quoi ?
Etait-ce de toi, mon Dieu et mon Père ?

Mon enfant, il te manquait mon amour.
Mais ce soir, oublions le passé ;
tu es revenu à la maison,
prends un bain, mets une chemise propre,
détends-toi, apaise-toi, viens, la soupe fume sur la table.
Si tu savais, mon enfant, combien de fois,
je suis venu frapper sur les volets clos de ton cœur,
combien de fois, je t'ai attendu au bout de tes impasses,
guettant le moindre signe de ton retour ?
Si tu savais, mon enfant,
combien je suis heureux, ce soir, de te revoir,
là, près de moi, vivant !

4. Jésus est sorti le premier de la Maison du Père !

Seigneur, Jésus,
toi, dont la surprenante incarnation
révèle l'amour déraisonnable de ton Père,
tu mets en parabole ce que tu es, ce que tu vis.

Comme le père du fils prodigue,
tu es sorti le premier de la Maison,
pour venir sur nos routes humaines,
celles de Galilée, de Samarie et de Judée.

Tu es sorti le premier à la rencontre
de Zachée, de Matthieu, de Marie-Madeleine,
des publicains et des prostituées,
des marginaux, des méprisés, des pécheurs,
tous ces enfants perdus d'Israël.

Comme le père du fils aîné,
tu es sorti le premier à la rencontre
des scribes, des pharisiens, des bien-pensants,
drapés dans leurs vertus, leur savoir religieux,
la loi et le droit,
scandalisés par ces folies de l'amour,
incapables de reconnaître,
sur le visage de ces exclus,
leurs frères qui étaient morts
et à qui tu as rendu la vie,
leurs frères qui étaient perdus
et que tu as retrouvés.

Tu es sorti le premier
pour partager avec tous les hommes,
fil cadet et fils aîné,
un repas de fête,
la fête du pardon,
la fête de la vie,
la fête de l'amour
qui ne désespère jamais.

Parabole du débiteur insolvable

(Matthieu 18,21-35)

Pierre s'approcha de Jésus pour lui demander : « Seigneur, quand mon frère commettra des fautes contre moi, combien de fois dois-je lui pardonner ? Jusqu'à sept fois ? » Jésus lui répondit : « Je ne te dis pas jusqu'à sept fois, mais jusqu'à soixante-dix fois sept fois. En effet, le Royaume des cieux est comparable à un roi qui voulut régler ses comptes avec ses serviteurs. Il commençait, quand on lui amena quelqu'un qui lui devait mille talents (c'est-à-dire soixante millions de pièces d'argent). Comme cet homme n'avait pas de quoi rembourser, le maître ordonna de le vendre, avec sa femme, ses enfants et tous ses biens, en remboursement de sa dette. Alors, tombant à ses pieds, le serviteur demeurait prosterné et disait : "Prends patience envers moi, et je te rembourserai tout." Saisi de pitié, le maître de ce serviteur le laissa partir et lui remit sa dette. Mais, en sortant, le serviteur trouva un de ses compagnons qui lui devait cent pièces d'argent. Il se jeta sur lui pour l'étrangler, en disant : "Rembourse ta dette !" Alors, tombant à ses pieds, son compagnon le suppliait : "Prends patience envers moi, et je te rembourserai." Mais l'autre refusa et le fit jeter en prison jusqu'à ce qu'il ait remboursé.

Ses compagnons, en voyant cela, furent profondément attristés et allèrent tout raconter à leur maître. Alors celui-ci le fit appeler et lui dit : "Serviteur mauvais ! je t'avais remis toute cette dette parce que tu m'avais supplié. Ne devais-tu pas, à ton tour, avoir pitié de ton compagnon, comme moi-même j'avais eu pitié de toi ?" Dans sa colère, son maître le livra aux bourreaux jusqu'à ce qu'il eût tout remboursé.

C'est ainsi que mon Père du ciel vous traitera, si chacun de vous ne pardonne pas à son frère de tout cœur. »

1. Il y a quand même des limites au pardon !

Seigneur,
il est déjà bien difficile de pardonner
à ceux qui nous ont blessés
par une parole désobligeante,
un comportement agressif,
une indifférence méprisante,
à ceux qui nous ont trompés,
lésés, supplantés ou évincés !...

Alors, Seigneur,
comment peux-tu parler de pardon
pour un assassin ou un mercenaire
qui a violé et tué, hommes, femmes et enfants,
pour le dictateur
qui a écrasé et humilié son peuple,
pour le propriétaire terrien
qui exploite la sueur des paysans,
pour le voleur récidiviste, le truand,
le gros trafiquant...

Mon enfant, je le sais
le pardon n'est pas à ta portée !
Le pardon c'est moi qui l'ai inventé,
quand, un certain Vendredi,
dont je me souviendrai pour l'éternité,
je n'ai pas laissé éclater ma colère,
parce que mon propre fils,
torturé, hurlant de douleur,
m'a supplié de pardonner aux hommes,
ses frères !

Le pardon est un don que j'accorde
à celui qui me le demande.
Le pardon est la plus belle manifestation
de la vie de mon Esprit au cœur de l'homme.
Par-donner,
c'est avoir part-au-don de ma propre vie.
Pardonner,
c'est accueillir cette « part donnée », gratuite de mon amour.

Oui, le pardon défie toute logique humaine,
Il est la seule force capable d'enrayer
la spirale de la violence et de la haine ;
il est la brèche imprévue
dans le mur en béton armé du péché.

2. Pardonner de tout son cœur !

Seigneur, nous somme tous, devant toi,
des débiteurs insolvables !
Puisque tu nous a pardonné gratuitement,
fais-nous la grâce de pouvoir pardonner pleinement
de tout notre cœur.

Seigneur,
accorde-moi la grâce d'être un artisan
de ta Réconciliation,
la grâce d'être habité par ta miséricorde
et ton pardon,
la grâce de faire le premier pas

quand n'importe lequel de mes frères
a quelque chose contre moi.

Quand je regrette la division entre frères séparés,
donne-moi de les rencontrer et de les écouter.

Quand je me plains de tant de durcissements,
donne-moi de jeter des ponts
entre groupes différents.

Quand je me scandalise du mépris des droits des émigrés,
donne-moi de savoir inviter, sous mon toit, l'étranger.

Quand je dénonce le rejet des musulmans ou des juifs,
donne-moi l'occasion de devenir l'ami de l'un d'eux.

Quand je me plains de l'indifférence des gens de mon quartier,
donne-moi de susciter des rencontres entre voisins.

Quand je ne comprends plus les jeunes désorientés,
donne-moi de prendre du temps pour les écouter.

Quand je trouve inadmissible la mise à l'écart des divorcés,
donne-moi de leur ouvrir ma porte
et celle de ma communauté.

Quand je me révolte
face aux tortures des régimes totalitaires,
donne-moi de m'engager
dans un organisme humanitaire.

Quand je suis bouleversé par tant d'homme affamés,
donne-moi de risquer
de nouvelles manières de vivre en société.

Alors, Seigneur, tu feras de ma vie,
une étincelle de ton pardon
qui propage le grand feu
du mystère de la réconciliation universelle.

Parabole des deux débiteurs insolvables

(Luc 7,36-50)

Un pharisien avait invité Jésus à manger avec lui. Jésus entra chez lui et prit place. Survint une femme de la ville, une pécheresse. Elle avait appris que Jésus mangeait chez le pharisien, et elle apportait un vase précieux plein de parfum. Tout en pleurs, elle se tenait derrière lui, à ses pieds, et ses larmes mouillaient les pieds de Jésus. Elle les essuyait avec ses cheveux, les couvrait de baisers et y versait le parfum. En voyant cela, le pharisien qui avait invité Jésus se dit en lui-même : « Si cet homme était prophète, il saurait qui est cette femme qui le touche, et ce qu'elle est : une pécheresse. » Jésus prit la parole : « Simon, j'ai quelque chose à te dire. — Parle, Maître. »

Jésus reprit : « Un créancier avait deux débiteurs ; le premier lui devait cinq cents pièces d'argent, l'autre cinquante. Comme ni l'un ni l'autre ne pouvaient rembourser, il remit à tous deux leur dette. Lequel des deux l'aimera davantage ? » Simon répondit : « C'est celui à qui il a remis davantage, il me semble. — Tu as raison », dit Jésus.

Il se tourna vers la femme, en disant à Simon : « Tu vois cette femme ? Je suis entré chez toi, et tu ne m'as pas versé d'eau sur les pieds. Elle, elle les a mouillés de ses larmes et essuyés avec ses cheveux. Tu ne m'as pas embrassé ; elle, depuis son entrée, n'a pas cessé d'embrasser mes pieds. Je te le dis : si ses péchés, ses nombreux péchés, sont pardonnés, c'est à cause de son grand amour. » Puis il s'adressa à la femme : « Tes péchés sont pardonnés. » Les invités se dirent : « Qui est cet homme, qui va jusqu'à pardonner les péchés ? » Jésus dit alors à la femme : « Ta foi t'a sauvée. Va en paix ! »

Ta foi t'a sauvé !

Seigneur,
tu connais cette triste lassitude du péché
qui me ronge parfois le cœur !
Donne-moi assez de foi pour croire
que tu désires encore plus que moi
me réconcilier avec Toi, avec moi-même,
que ta tendresse peut me faire renaître à la joie de vivre.

Seigneur,
donne-moi assez de foi pour croire
que tu désires encore plus que moi
que je déverrouille la porte de mon cœur
dont je tiens moi-même la clef, de l'intérieur !
que tu désires que j'apprenne à nouveau à m'aimer
puisqu'il est impossible d'aimer les autres
quand on ne s'aime plus soi-même !

Seigneur,
donne-moi assez de foi pour croire,
comme Marie-Madeleine,
que tout est possible pour celui qui croit,
que je peux encore guérir
dans la lumière de ton regard et de ta Parole.

Seigneur,
donne-moi assez de foi pour croire
que tu m'aimes tel que je suis
et non tel que je me rêve,
qu'il me faut assumer ma radicale pauvreté,
pour être capable, avec toi, de la dépasser.

Seigneur,
donne-moi assez de foi pour croire
que je peux vivre avec toi,
mes ombres et mes lumières,
mes joies et mes colères,
mes rires et mes larmes,
mon passé et mon présent.

Seigneur,
donne-moi assez de foi pour croire
que le plus important ce n'est pas la perfection
que je veux me donner,
mais la sainteté que tu veux m'accorder.

CHAPITRE 10

Le Royaume de l'amour : un fruit de la conversion du cœur

Paraboles du vieux tissu et des vieilles outres

(Marc 2,18-22)

Comme les disciples de Jean-Baptiste et les Pharisiens jeûnaient, on vient demander à Jésus : « Pourquoi tes disciples ne jeûnent-ils pas, comme les disciples de Jean et ceux des pharisiens ? » Jésus répond : « Les invités de la noce pourraient-ils donc jeûner, pendant que l'Epoux est avec eux ? Tant qu'ils ont l'Epoux avec eux, ils ne peuvent pas jeûner. Mais un temps viendra où l'Epoux leur sera enlevé : ce jour-là ils jeûneront.

Personne ne raccommode un vieux vêtement avec une pièce d'étoffe neuve ; autrement la pièce neuve tire sur le vieux tissu et le déchire davantage. Ou encore, personne ne met du vin nouveau dans de vieilles outres, autrement la fermentation fait éclater les outres, et l'on perd à la fois le vin et les outres. A vin nouveau, outres neuves. »

1. Tu es le vin nouveau

Seigneur, Jésus,
tu es le Vin nouveau de l'amour du Père,

Nous attendions des biens messianiques terrestres,
des lendemains qui chantent,
un petit bonheur
à notre mesure !
Ta venue fait craquer
les limites de nos espérances
comme de vieilles outres.

Jésus, toi, l'Epoux des noces nouvelles,
tu es le Vin nouveau du Royaume de Dieu,
tu es l'Alliance nouvelle
qui rend caducs tous nos rites anciens,
toutes nos vieilles pensées
qui croupissent dans les outres anciennes ;
désormais tous nos projets sont déjà vieux.
Tu es la nouveauté souveraine,
le vieux monde est fini
le monde nouveau est né !

2. Nous tenons à nos vieilles défroques !

Qui n'a jamais conservé, pendant des années,
un vieux pull usé, troué et informe,
ou un vieux peignoir archi-raccommodé et délavé,

qui sont tout juste bons à jeter !
Curieux comme nous avons parfois du mal à nous séparer
de quelques vieilles défroques familières,
auxquelles nous demeurons étrangement atttachés
sans trop savoir pourquoi.
Elles nous sont devenues comme une deuxième peau !

Il en est souvent de même pour nos vieilles habitudes,
en particulier les mauvaises ;
nous finissons même par nous habituer à notre péché !
Qu'il nous est difficile, Seigneur,
d'accepter la radicale nouveauté de ton Evangile !
Nous voudrions bien te suivre
mais sans changer nos manières d'agir
sans bousculer nos manières de penser !

Nous aimerions souvent concilier le vieux et le neuf :
vivre de tes dons
sans perdre nos petites affaires personnelles,
entrer dans ton silence intérieur
sans renoncer à tous nos bruits,
ouvrir notre cœur au dessein de ton Père
sans renoncer à nos propres projets.

Nous aimerions concilier le vieux et le neuf :
accueillir ta paix sans détruire nos armes,
bâtir un monde plus fraternel
sans remettre en cause nos biens,
marcher vers la sainteté sans en payer le prix,
accueillir l'homme nouveau sans renoncer au vieil homme,

accueillir ton Royaume
sans faire éclater nos frontières humaines...
Mais à vouloir garder le vieux et le neuf,
nous finissons par déchirer le tissu de notre vie.

Seigneur Jésus,
toi qui n'es pas venu pour rapiécer nos vieilleries,
pour rafistoler nos petits bonheurs,
ou bricoler nos vieilles idéologies,
mais « pour faire toutes choses nouvelles »,
convertis-nous à la radicale nouveauté
  de ton Evangile
et de ton Royaume.

Parabole du pharisien et du publicain

(Luc 18,9-14)

Jésus dit une parabole pour certains hommes qui étaient convaincus d'être justes et qui méprisaient tous les autres : « Deux hommes montèrent au Temple pour prier. L'un était pharisien et l'autre, publicain. Le pharisien se tenait là et priait ainsi : ''Mon Dieu, je te rends grâce parce que je ne suis pas comme les autres hommes : voleurs, injustes, adultères, ou encore comme ce publicain. Je jeûne deux fois par semaine, et je verse le dixième de tout ce que je gagne.'' Le publicain, lui, se tenait à distance et n'osait même pas lever les yeux vers le ciel ; mais il se frappait la poitrine, en disant : ''Mon Dieu, prends pitié du pécheur que je suis !'' Quand ce dernier rentra chez lui, c'est lui, je vous le déclare, qui était devenu juste, et non pas l'autre. »

1. On ne peut pas tricher devant Dieu !

Seigneur,
aide-moi à comprendre que l'essentiel
n'est pas d'abord de vouloir être vertueux
de se sentir en règle devant la Loi
ni même d'avoir bonne conscience !
Aide-moi à comprendre que l'essentiel
n'est pas pas d'abord de me sentir
coupable ou indigne
mais de me situer en vérité devant Toi.

Seigneur,
donne-moi la simplicité d'accueillir,
émerveillé,
la gratuité de ton Amour
qui est ma vraie noblesse,
ma justice et ma sainteté.
Que mes « pratiques » religieuses
soient toujours ouvertures à ta grâce,
à ta vie, à tes dons.

Seigneur,
que la lucidité sur mon état de pécheur
ne devienne jamais découragement ni amertume,
mais tourne mon cœur vers ta miséricordieuse tendresse.

Seigneur,
donne-moi de vivre la seule relation vraie,
celle de l'amour.
qui me rend capable de regarder ma misère

sans m’y enfermer
puisque je sais que tu ne cesses jamais de m’aimer !

Seigneur,
quand je prends conscience de ton amour fidèle,
toujours offert
et de mon amour fugitif,
toujours fragile,
de quoi pourrais-je bien me prévaloir ?

Parabole du serviteur inutile

(Luc 17,5-10)

Un jour, les Apôtres dirent au Seigneur : « Augmente en nous la foi ! » Le Seigneur répondit : « La foi, si vous en aviez gros comme une graine de moutarde, vous diriez au grand arbre que voici : ''Déracine-toi et va te planter dans la mer'' ; il vous obéirait.

Lequel d'entre vous, quand son serviteur vient de labourer ou de garder les bêtes, lui dira à son retour des champs : ''Viens vite à table ?'' Ne lui dira-t-il pas plutôt : ''Prépare-moi à dîner, mets-toi en tenue pour me servir, le temps que je mange et que je boive. Ensuite tu pourras manger et boire à ton tour.'' Sera-il reconnaisant envers ce serviteur d'avoir exécuté ses ordres ? De même vous aussi, quand vous aurez fait tout ce que Dieu vous a commandé, dites-vous : ''Nous sommes des serviteurs inutiles : nous n'avons fait que notre devoir.'' »

En amour, rien n'est dû, tout est don !

Seigneur, je ne te cache pas
que cette parabole me reste en travers de la gorge !
Comment peux-tu comparer Dieu
à ce riche propriétaire
qui se fait servir comme un prince
par son serviteur qui a déjà travaillé toute la journée
et qui, au lieu de lui être reconnaissant,
le traite comme un homme inutile ou quelconque !

Pardonne-moi, Seigneur,
mais si Dieu ressemble à ce maître-là,
je préfère me mettre à mon compte !

Mon enfant,
J'ai assez parlé de mon Père
pour que tu puisses deviner
qu'il ne s'adresse pas aux hommes
comme à des mercenaires ou à des esclaves !
Mais, en chacun de vous sommeille
un pharisien qui estime,
à cause de ses pratiques religieuses,
avoir des droits sur Dieu et sur l'avenir.
N'oublie jamais
que ni vos œuvres ni vos vertus
ne mériteront jamais
la vie et le salut que mon Père vous a accordés
par pure gratuité.
Tout est don. Tout est grâce.

La simplicité de l'enfant qui sait
qu'il reçoit tout de son père et de sa mère
n'est pas humiliation mais joie d'être aimé
et de pouvoir aimer, lui aussi,
gratuitement.
Si je vous ai lavé les pieds,
moi le Seigneur et maître,
n'est-ce pas pour vous révéler
que la vraie grandeur de l'homme
est de servir !

Parabole de la maison bâtie sur le roc

(Matthieu 7,21-27)

Comme les disciples s'étaient rassemblés autour de Jésus, sur la montagne, il leur déclarait : « Il ne suffit pas de me dire : "Seigneur, Seigneur !" pour entrer dans le Royaume des cieux, mais il faut faire la volonté de mon Père qui est aux cieux. Ce jour-là, beaucoup me diront : "Seigneur, Seigneur, n'est-ce pas en ton nom que nous avons été prophètes, en ton nom que nous avons fait beaucoup de miracles ?" Alors je leur déclarerai : "Je ne vous ai jamais connus. Ecartez-vous de moi, vous qui faites le mal !"

Tout homme qui écoute ce que je vous dis là et le met en pratique est comparable à un homme prévoyant qui a bâti sa maison sur le roc. La pluie est tombée, les torrents ont dévalé, la tempête a soufflé et s'est abattue sur cette maison ; la maison ne s'est pas écroulée, car elle était fondée sur le roc.

Et tout homme qui écoute ce que je vous dis là sans le mettre en pratique est comparable à un homme insensé qui a bâti sa maison sur le sable. La pluie est tombée, les torrents ont dévalé, la tempête a soufflé, elle a secoué cette maison ; la maison s'est écroulée, et son écroulement a été complet. »

1. Sur quoi as-tu bâti ta vie ?

Il y a ceux qui bâtissent leur vie
sur les sables mouvants
du mensonge, de l'hypocrisie,
du rêve ou des illusions.
Ceux qui bâtissent sur les marécages du mensonge,
des petites combines, des passions éphémères,
sur les cendres des idéologies déjà mortes,
ou sur la boue des affaires malhonnêtes...

Le fin crachin pénétrant du temps qui passe,
la pluie qui lave les maquillages du visage
la tempête des revers de fortune, de la maladie,
les torrents de la mort inexorable
ont fini par tout emporter !

Sur quoi ai-je bâti ma vie ?
Sur quel fondement ai-je construit mes projets,
sur quel roc ai-je appuyé mes choix,
mes décisions, mes engagements ?

Seigneur, donne-moi la patience
de creuser assez profond
les fondations de ma maison ;
d'enraciner mes convictions dans le silence de la prière
et la rumination de ta Parole.
Donne-moi la persévérance de creuser, jour après jour,
les conséquences pratiques de ton Evangile.

Seigneur,
toi, le Roc de notre vie et de celui de l'Eglise,
toi, le rocher sur lequel le pied ne s'enlise pas,
accorde-nous la vigilance de l'Esprit et la lucidité de
la foi
pour vérifier sur quel terrain
nous enracinons notre avenir
et celui de nos communautés.

Seigneur,
accorde-nous cette sagesse évangélique
capable de discerner l'urgence des temps nouveaux
et d'être en harmonie avec ces derniers temps
que ta Parole et ta vie ont inaugurés.

Seigneur, puisque nos actes attestent ce que nous
croyons,
fais-nous la grâce non seulement d'entendre tes
paroles,
mais aussi de les écouter avec notre cœur
pour les mettre en pratique
et en vivre.

Index

Paraboles et temps liturgique

Table des matières

Achevé d'imprimer le 6 octobre 1988
dans les ateliers de Normandie Impression à Alençon (Orne)
pour le compte des éditions Desclée de Brouwer.
Dépôt légal : octobre 1988

Imprimé en France